论语与算盘

· 大商之道的秘诀 ·

涩泽荣一/著
凌文桦/译

当代世界出版社
THE CONTEMPORARY WORLD PRESS

图书在版编目(CIP)数据

论语与算盘/(日)涩泽荣一著；凌文桦译. -- 北京：当代世界出版社，2023.10
ISBN 978-7-5090-1762-3

Ⅰ.①论… Ⅱ.①涩… ②凌… Ⅲ.①儒家—哲学思想—应用—商业经营 Ⅳ.① F713

中国国家版本馆 CIP 数据核字（2023）第 168748 号

书　　名：	论语与算盘
出版发行：	当代世界出版社
地　　址：	北京市东城区地安门东大街 70-9 号
监　　制：	吕　辉
责任编辑：	李俊萍
编务电话：	（010）83908410-810
发行电话：	（010）83908410（传真）
	13601274970
	18611107149
	13521909533
经　　销：	全国新华书店
印　　刷：	天津丰富彩艺印刷有限公司
开　　本：	700 毫米 × 1000 毫米　1/32
印　　张：	7.75
字　　数：	170 千字
版　　次：	2023 年 10 月第 1 版
印　　次：	2023 年 10 月第 1 次
书　　号：	ISBN 978-7-5090-1762-3
定　　价：	78.00 元

如发现印装质量问题，请与承印厂联系调换。
版权所有，翻印必究，未经许可，不得转载！

目录

第一章 处世与信条

《论语》与算盘的关系 /002
士魂商才 /003
天不罚人 /006
观察人的方法 /007
人人都能学《论语》 /009
等待时机的诀窍 /011
人与人是平等的 /012
是否要相争 /014
大丈夫的试金石 /016
量力而行 /018
得意时和失意时 /020

第二章 立志与学问

防止精神衰老 /024
立足当下 /027
大正维新的启迪 /029
丰臣秀吉的优点和缺点 /030

亲力亲为 /032

立大志与立小志 /034

君子之争 /036

社会与学校的关系 /038

培养勇气 /040

一生要走的路 /041

第三章 常识与习惯

何谓常识 /044

口是祸福之门 /046

因恶而知美 /047

习惯的力量 /049

伟人和完人 /051

事与愿违的故事 /053

何谓真才真智 /055

动机与结果 /057

人生在于努力 /058

明辨是非之道 /060

第四章 仁义与富贵

正确的生财之道 /064

金钱的效用在于人 /065

孔夫子的财富观 /067

扶贫的第一要义 /068

金钱无罪 /070

滥用金钱的实例 /073

确立义利合一的信念 /074

富豪在道德上的义务 /076

能挣会花 /079

第五章　理想与迷信

守诚信、筑未来 /082

工作需要兴趣 /083

传统道德该进化吗？/085

应该摒弃这样的矛盾 /086

人生观的两面 /088

"归一"思想 /090

"日日新"与"利和义"/092

巫术的失败 /093

真正的文明 /096

对外发展需注意 /098

如何肃清歪风邪气 /099

第六章　人格与修养

乐翁公的少年时代 /104

人才的评价标准 /107

真正的气魄 /110

二宫尊德和西乡隆盛 /111

不能空谈修养 /114

磨炼自己的意志力 /116

追根溯源 /118

德川家康之功绩 /120

驳修养无用论 /122

人格修养法 /124

商业无国界 /126

第七章　算盘与权利

孔子的权利观念 /130

金门公园事件 /133

唯有仁义 /135

竞争与商道 /137

合理经营 /139

第八章　实业与士道

武士道即实业道 /144

以相爱忠恕之道交往 /146

征服自然 /147

向舶来品说不 /149

提高效率的方法 /151

责任在谁 /154

摈弃功利主义 /155

对竞争的误解 /158

第九章　教育与情操

真正的孝顺 /162

现代教育的得与失 /163

母亲的影响 /166

师生关系 /168

理论与实际 /170

孝还是不孝 /172

人才过剩的主要原因 /174

第十章　成败与命运

忠恕之道 /178

成败的真谛 /179

谋事在人，成事在天 /182

西湖感怀 /183

顺境与逆境 /184

胆大心细 /186

莫以成败论英雄 /188

附录

论语 /191

第一章

——处世与信条——

人与人之间必须是平等的,而且是有节制、有礼让的平等。每个人都要以德报德,毕竟人与人之间是需要互相扶持的。

《论语》与算盘的关系

如今谈及道德,最重要的著作便是记录孔子及其弟子言行的《论语》了。只要是读过此书的人大概都会觉得,将《论语》和算盘相提并论似乎不伦不类,两者相距甚远。但是我认为,有了《论语》,算盘才能打得更好;而《论语》借助算盘,才能发扬真正的致富之道。因此,可以说,这两者既相距甚远,又近在咫尺。在我70岁时,一位朋友送了我一幅画:画的一边画着《论语》和算盘,另一边画着大礼帽和朱红的日本刀。

一天,学者三岛毅先生来我家看到了这幅画,觉得很有意思。他说:"我是研究《论语》的人,你是研究算盘的人,连拿算盘的人都这么认真攻读《论语》,那我这读《论语》的,也不得不研究一下算盘了。我要和你一样,努力让它们紧密联系起来。"后来,他写了一篇关于《论语》和算盘的文章,列举各种例证,阐释了道义、事实和利益必须一致的道理。

我时常认为,一个人要想有所进步,就必须有强烈的欲望推动着,若没有欲望,就无法取得进步。只会空想、爱慕虚荣的国民是无法有所成就的。我希望政界和军界能收敛起飞扬跋扈的嘴脸,实业界能够倾注更多力量来丰富物资。若非如此,国家便无法富强。要说获得财富的根本,那就是仁义道德,通过旁门左道获取的财富是无法持久的。所以,我认为当务之急是拉近《论语》和算盘之间的距离。

士魂商才

菅原道真提倡"和魂汉才",我觉得很有意思,便效仿他提出了"士魂商才"这一概念。所谓"和魂汉才",是指日本人必须要有日本特有的气魄和个性。中国是历史悠久的文明古国,孔子、孟子等圣人贤者辈出,在政治、文化以及其他方面都比日本发达,因此日本人需要学习汉学来提高修养。

汉学有许多著作,核心著作便是记录孔子及其弟子言行的《论语》,此外《尚书》《诗经》《周礼》《仪礼》等记录禹、商汤、周文王、周武王、周公等人事迹的书籍,据说也是孔子编撰的。所以,汉学其实是孔子之学,孔子是汉学的中心,记录孔子及其弟子言行的《论语》,自然便成为菅公爱不释手的书籍。菅原道真将应神天皇时代百济仁王献上的《论语》和《千字文》抄录了一遍,供奉在伊势神宫,这便是现存的菅原版本《论语》。

"士魂商才"也是一样,要立足于世间,武士精神不可或缺;但是若拘泥于武士精神,缺少商业头脑的话,经济就会面临灭顶之灾,因此必须在武士精神的基础上培养商业人才。培养武士精神的著作有很多,而《论语》是培养武士精神的根本。

那培养商业人才这方面又如何呢?商业人才也离不开《论语》的谆谆教诲。道德著作看似和商业人才毫无瓜葛,但其实商业人才也需要道德的约束。有欺瞒、浮夸、轻佻等违背商业道德行为——俗称的小聪明、小滑头——的人绝不是真正的商业人才。商业人才不能逾越道德的界限,因此需要通过《论语》来进行道德教育。

处世之道虽非常不易学，但若能熟读《论语》并好好钻研，定会获益匪浅。所以，我这一生非常尊崇孔子的教诲，也将《论语》作为为人处世的金科玉律，行事不离其宗。

日本也有不少贤士豪杰，其中最善于作战又深谙处世之道的，当首推德川家康公。若非深谙处世之道，他如何能收服众多英雄豪杰，成就十五代霸业，延续两百多年的太平盛世，让百姓得以高枕无忧？这实属伟人之举。

擅长处世的家康公也留有种种遗训，在《神君遗训》中，他向我们揭示了处世之道的精髓。而我将《神君遗训》和《论语》对照一番后，发现两者有很多惊人的相似之处，《神君遗训》中的大部分遗训都出自《论语》。例如，"人的一生犹如负重担而行远道"这句，正是出自《论语》中的"士不可以不弘毅，任重而道远。仁以为己任，不亦重乎？死而后已，不亦远乎？"（一个君子，必须要有宏大的志向、坚毅的品质，要把实践和弘扬仁道作为自己人生的使命，并为此奋斗终生，直至生命终结。）这是《论语》中记录的曾子所说的话。

还有，"责己不责人"则是出自"己欲立而立人，己欲达而达人"（自己要先站稳，才能扶起摔倒的人；自己要腾达，先要博施济众）；"不及胜于过"与孔子所教导的"过犹不及"（事情做得过头，就跟做得不够一样，都是不合适的）是一样的；"忍耐是安全长久之基，怒为大敌"和"克己复礼"（克制自己，践行礼仪）相同。另外，"人需有自知之明，草叶上的露水多则落""常思及不自由，就能知足，心中有非分之想时，宜回想一下穷困之时""知胜不知负,害必至于身"等,都能在《论语》中找到出处。

可以说,家康公之所以能善巧处世,开创200多年的宏伟霸业,很大程度上是受益于《论语》。

世人都认为汉学是基于禅让、讨伐的学说,并不适合日本的实际情况,其实这是一种只知其一不知其二的观点。只需看一下孔子的观点就能明白:"子谓《韶》,'尽美矣,又尽善也。'谓《武》,'尽美矣,未尽善也。'"(孔子讲到《韶》这一乐舞时说:"艺术形式美极了,内容也很好。"谈到《武》这一乐舞时说:"艺术形式很美,但内容差一些。")韶乐赞扬的是尧因赏识舜的美德而让位于舜的故事,因此歌颂的音乐尽善尽美;而武乐讲述的是武王之事,武王虽有德,但他是举兵夺位,所以音乐虽优美却失善。由此可见,孔子并不希望看到兵戎相见。评价一个人时还需要考虑其所处的时代。孔子是东周时代的人,自然无法露骨地批判周朝的缺点,只能用"尽美未尽善"这样隐晦的语言委婉地表达。世人在谈论孔子之学时,要好好地探索孔子的精神,若目光不够敏锐、不能看透实质,则不免会流于形式。

为人处世若想避免误入歧途,就需熟读《论语》。如今随着社会的进步,从欧美各国传来一些新的学说,但在我们看来,其中很多仍然是古老的东西,和东洋数千年前所言之事并无差别,只不过其更善于用言辞修饰而已。虽然我们需要研究欧美诸国日新月异的新鲜事物,但是也不能忘记,东洋自古以来的传承中也有不可舍弃的东西。

天不罚人

孔子说,"获罪于天,无所祷也",这句话中的"天"是指什么呢?我认为,天就是天命的意思。

人在世间的一举一动都是天命。草木有草木的天命,鸟兽有鸟兽的天命。天命即老天的安排,就像同样是人,有的人卖酒,有的人卖烧饼。即使是圣贤也必须顺从天命,不得违抗。例如,尧无法让儿子丹朱继承帝位,而舜也无法让太子商均继位,这些皆为天命,人力无论如何都无法改变。草木始终是草木,无论如何都变不成鸟兽;而鸟兽也始终只能是鸟兽,无论如何都不会成为草木。这都是天命的安排。这样想来,显而易见,人也是一样,所有的行为都不得不遵循天命。

孔子说的"获罪于天",我想就是指违反自然规律的行为必将招致恶果。到那时即使想逃避,也会因是自己的报应而无法推卸责任,这就是"无所祷也"的意思。

孔子在《论语·阳货》中说:"天何言哉?四时行焉,百物生焉,天何言哉?"(天何尝说过话呢?四季照常运行,百物照样生长。天说了什么话呢?)孟子也在《孟子·万章上》里说:"天不言,以行与事示之而已矣。"(天不说话,只是用行动和事情来表示罢了)人做出违背自然规律的事,得罪老天,虽然老天什么都不说,也不加以惩罚,但是周围的事物却会使此人感到痛苦,这就是所谓的"天谴"。人无论如何是无法躲避天谴的。正如自然的四季轮换、天地之间的万物生长,都是不可违背的天命一样,人自然也不能违背天命。

因此,孔子在《中庸》的开头就说"天命之谓性"。不管人如何向神灵祈祷、向佛祖祷告,只要做出违背天命的事,就必然会招致灾祸,最终难逃天谴。而顺其自然、泰然处之、问心无愧之人,则会像孔子一开始说的"天生德于予,桓魋其如予何"(上天把德赋予了我,桓魋能把我怎么样)那样自信,能真正安身立命。

观察人的方法

佐藤一斋先生认为根据第一印象来判断一个人是最准确的观察人的方法。他在自己的著作《言志录》里写道:"初见时的观察,多半无误。"正如一斋先生所说,初见时好好观察多半不会有错,接触的次数越多,考虑的就会越多,反而容易陷入错误的判断中。凭第一印象判断一个人,不会被其他因素干扰,是最直观的判断,即使对方虚伪掩饰,也好识破;见面的次数多了,便会受传闻或其他信息的影响,反而无法直观地作出判断。

另外,孟子在《孟子·离娄上》中说:"存乎人者,莫良于眸子。眸子不能掩其恶。胸中正,则眸子了焉;胸中不正,则眸子眊焉。听其言也,观其眸子:人焉廋哉!"(观察人的善恶,没有比看他的眼睛更明了的了,因为眼睛不能掩藏他心中的恶念。心正,眼睛就很明亮;心不正,眼睛就昏暗。听他说话的时候,观察他的眼睛,这人的善恶能藏匿到哪里去呢?)孟子认为,看一个人的眼睛可以鉴别一个人的品行，心术不正之人，他的眼神会飘忽不定。这样的观察方法相当有效，只要好好观察人的眼睛，基本就能分辨出此人的善恶正邪。

《论语·为政》有云："子曰：'视其所以，观其所由，察其所安，人焉廋哉？'"（孔子说，看明白他正在做的事，考察他做事的动机，了解他所心安的是什么，这个人还能隐藏什么呢？）佐藤先生的初见法和孟子的观眼神法，都是简单易用的观察人的方法，这些方法基本不会出太大差错。但要真正认识一个人，这些方法就不够用了，还是需要通过刚才在《论语·为政》中提到的"视、观、察"三个方面来判断。

"视"和"观"在日语中的读音是一样的，视是单靠肉眼看外表，而观则是由外表入内在，更进一步地用心体会。也就是说，孔子在《论语》中提到的观察一个人，是指首先要看此人外在行为的正邪善恶，然后审视此人行为的动机和目的，之后了解此人满足于怎样的欲望和生活，这样才能真正了解此人的本性。

如果一个人的外在行为看似十分正直，但行为的动机却不端正，那就不能说这个人是正直的，他有时也有可能做坏事；有的人平时并没有做什么坏事，表现出来的行为和动机也都端正，但如果他追求的只是饱食、暖衣、安居，就会禁不住诱惑做出意想不到的坏事。因此，只有行为、动机、欲望这三观都端正，才能称得上是正人君子。

人人都能学《论语》

明治六年（1873），我辞去官职，进入了梦寐以求的实业界，就此和《论语》结下了不解之缘。刚成为商人时，我觉得自己从此就要成为一个锱铢必较的人了，该如何不忘初心、保持理想呢？于是我想到了以前读过的《论语》。《论语》教人如何修身，日常如何与人交往，是缺点最少的训言，但是否能应用于商业呢？我认为遵循《论语》的训导从事商业活动也可获利致富。

当时有一位名叫玉乃世履的岩国人，他后来成了大审院院长。此人博览群书，精于书法和文章，工作严谨认真。在官员中，我们俩被大家称作循吏，关系非常亲密，且一同进步，双双升任敕任官。原本我二人都是朝着成为国务大臣这一目标而努力的，因此他听闻我辞官从商后，非常痛惜，一再地劝说我。

当时我担任井上馨先生的次官一职。井上先生在官制问题上与内阁的意见不合，一怒之下愤然辞职。因为我是和井上先生一起离开政界的，所以表面上看，似乎我也是因为和内阁发生冲突而弃官的。虽然我也同井上先生一样，和内阁意见不一致，但是我离开政界的原因与其不同。

我之所以辞官是因为当时日本在政治、教育方面都需要进行改革，但是最萎靡不振的其实是商业，这样下去日本就无法实现国富民强。因此，我认为在改善其他方面的同时也必须振兴日本的商业。自古以来，大家都认为经商是不需要学问的，学问太多反而会适得其反；还有"富不过三代"的说法，把第三代视为危险的一代。因此我决定靠学问致富,以改变大家对商人的印象。

但是,即使是像玉乃这样亲密的朋友,也无法理解这一点。我辞职正好又是在和内阁针锋相对的时期,因此他很严厉地责备了我的行为。他忠言相劝,说我不久就有可能成为次长、成为国务大臣,我们两人都应该担任官职,为国家鞠躬尽瘁,怎么能够被肮脏的金钱所诱惑而弃官从商,沾得一身铜臭味呢?这绝不是他认识的我。

当时我极力反驳他,引用了《论语》中的经典以及赵普"半部《论语》治天下,另外半部修身心"的话,表示我将一生贯彻《论语》的教诲。"挣钱有什么低贱的?若都像您一样将金钱视为粪土,国家就无法自立。官职高的人也不见得就高贵。世上令人尊敬的工作到处都有,并不是只有做官才令人尊敬。"我用了一系列《论语》中的教导来进行反驳。我认为《论语》的缺点很少,因此决定将《论语》作为自己一生从商的行为准则。我做这个决定是在明治六年(1873)的5月。

于是,我更努力地研究《论语》,听中村敬宇先生和信夫恕轩先生的讲解,无论多忙都未中断过。最近我还拜托大学的宇野先生让我旁听面向孩子们的《论语》讲座,并向他提出了许多疑问,对于他的解释我也说了我的看法,觉得非常有趣且获益匪浅。宇野先生一章一章地讲解,等大家都明白了再继续往下讲,虽然进度很慢,但是讲解得非常透彻,孩子们也觉得很有意思。

现在我已经听过5个人讲解《论语》了,但由于我不是专门研究《论语》的学者,所以有时会不明白其中一些语句的含义。例如,《泰伯》里的"邦有道,贫且贱焉,耻也;邦无道,富且贵焉，耻也"（国家政治清明，你却贫穷且地位低下，那你应该感到羞耻；国家政治黑暗，你却富贵且位高权重，那你也应该感到羞耻）这句话，我直到现在才明白其中的深意。由于这次是深入研究《论语》，我领悟了许多道理。但是《论语》并不是非常难懂的学问，并非只有阅读深奥著作的专家学者才能理解。《论语》原本广泛传颂于世间，讲的都是非常容易理解的道理，却被一些学者们弄得艰涩难懂，难以推广给农工商群体学习。人们误以为《论语》不是商人、农民能够学习的内容，这是大错特错的。

这样的学者就像不可一世的守门人，是妨碍大家接触孔子的人。想通过这样的守门人去见孔子，是无法见到的。孔子绝不是高深莫测的，反而是平易近人的，无论是商人还是农民，都可以接受他的教导，他的教导是最实用且通俗易懂的。

等待时机的诀窍

如果一个人在年轻时就养成了逃避竞争的习惯，那他终究不会有什么进步和发展。社会发展也是需要竞争的，不逃避竞争的同时，耐心等待时机的到来，也是不可或缺的处世之道。

我至今都认为，该争取时就要去争取，这是我根据自己大半生的经验所悟出的道理。但是年轻的时候，还是隐忍为上，少争为妙。这世上的事因果有序，有因必有果。人为干预，无论如何都无法改变已定的因果关系，不到时机，靠人力无法改变局势。在处世方面，一定要学会观望形势，耐心等待时机。我奉劝各位年轻人，当外界想要扭曲你的信仰时，必须要据理力争，除此之外，只要耐心等待时机的成熟即可。

对于日本的现状，我并不是没有想要争取的，相反，其实有很多。最令我感到遗憾的是，日本现在官尊民卑的风气依然浓厚，只要做了官，无论做了什么不妥当的事，都会被睁一只眼闭一只眼地放过。当然，遭受世人非议、受到法律制裁或犯了事不得不引退的也不是没有，但在所有为非作歹的官员中不过是九牛一毛、沧海一粟而已。在某种程度上，社会已经默认了为官者可以为非作歹，这么说并不言过其实。

与此相反，普通民众的言行稍微有点不端，便会被揭发，受到处罚。如果不良行为要受到惩罚，那便不该有在朝在野的区别——对一方宽容，对另一方严厉。如果是宽以治国，就应该对大家一视同仁，民众也好，官员也好，都应该受到同样的对待。然而现在的日本是官民有别，宽严不一。

另外，普通民众无论为国家做出多大的贡献，也不容易得到国家的承认；而为官者稍有作为，就能得到赏识和奖赏。我极力想改变这一点；但是无论我怎样争取，在时机成熟之前，它都不会有任何改变。因此，现在我说这些不过是发发牢骚而已，还是要静观其变，等待时机。

人与人是平等的

用人的人常说，应当观察一个人是否有才能，将合适的人置于合适的位置，但实际上实行起来很难。再往深处想，在将人才置于合适的位置时，难免会有私心和谋划。毕竟想要扩张自己的势力，没有比在相应的职位上安排合适的人才更好的办法了，如此一步步、一层层地推进，建立起自己的势力圈，让自己的地位更加稳固，于是形成了党派。在政界、商界乃至社会各界都有这样的事，这并不是我想学的。

日本从古至今，再没有像德川家康那样善于用人、善于扩张自己势力的权谋家了。为了守卫自己居住的江户城，关东方面他安排自己的嫡系子弟控制箱根的紧要之处，让大久保相模守保卫小田原，并让嫡系三家族的水户家守卫东国门户，尾州家掌控东海要塞，纪州家警备畿内后方，把井伊扫部头安置在岩根镇守平安王城，他部署人物的手段绝妙至极。还有越后的榊原、会津的保科、出羽的酒井、伊贺的藤堂，甚至远到九州直至日本全国要塞之地，无一不是被他的亲信所控，以至于各处大名无法轻举妄动，这才有了德川家延续三百年的江山社稷。对于家康的霸道是否适用于日本的国体，我不做评论，但是他知人善用的手段，在历史上无人能及。

我曾经认真地模仿他用人的智慧，将合适的人放在合适的位置上，但是我不想模仿他的目的。我只是单纯地用人，丝毫未考虑借此来建立自己的势力。我的目的只是让更多的人才发挥应有的作用而已。只有将合适的人放在合适的位置上，他们才能做出成绩，报效国家。这也间接地成就了我报效国家的愿望。我就是在这种信念下挖掘人才的。若是利用他人以权谋私，这是对他人的侮辱。我绝对不会做出将人才作为自己的棋子任意摆弄这样不入流的事来。

我认为人的活动必须是自由的,若是在我的身边无法施展才能的话,可以立即离开我,到更为广阔的天地去做出更好的成绩,这才是我由衷希望的。若是有人因我有一技之长而归于我门下,纵然他不如我,我也不会轻视他。人与人之间必须是平等的,而且是有节制、有礼让的平等。每个人都要以德报德,毕竟人与人之间是需要互相扶持的。因此,我不骄不躁,他人不卑不亢,互相合作,这是我的信念。

是否要相争

有人认为无论如何都要避免争斗,还有人说若是有人打你的右脸,那就把左脸也送上去。那与人相争究竟是有利还是无利呢?这一问题的答案因人而异:有些人主张不能绝对排斥争斗,而有些人则主张要绝对排斥争斗。

我认为不需要绝对排斥争斗,在为人处世时争斗是不可避免的。我听说有些人说我过于圆滑,其实我只是不参与无谓的争斗。与世间的普通人所想的一样,我并没有把绝对避免争斗作为处世的唯一方针和信条,我并非一个圆滑的人。

《孟子·告子下》中说:"出则无敌国外患者,国恒亡。"(一个国家,国外没有与之匹敌的邻国和来自外国的祸患,这样的国家常会因此覆灭。)一个国家若要健康发展,无论是在工商业、学术艺术方面,还是在外交方面,都要常常抱着与外国一较高下的信念。不仅仅是国家,就是个人也需要与周围的对手较量,为争取胜利而努力,否则就无法取得进步。

提携晚辈的前辈大致可以分为两类人。一类是无论什么事对晚辈的态度都是友好亲切的,绝不会责备或苛求,从始至终都是温和、有耐心地引导,不会与晚辈为敌,无论晚辈有何缺点都会站在晚辈这一边,以爱护晚辈为前提。这样的前辈非常受晚辈的信赖,犹如慈母一般受到敬仰。但是这样的前辈是否真的有助于晚辈成长,还有待讨论。

另一类人则与前者相反。他们总是以对待敌人的态度来对待晚辈,并以发现晚辈的过错为乐。晚辈一有过错他们便怒发冲冠、大发雷霆,将晚辈训斥到体无完肤;晚辈稍有不足他们便毫不留情地责骂。这样的前辈往往招致晚辈的怨恨,在晚辈之中也缺乏人望。但是这样的前辈就真的不利于晚辈成长吗?我希望年轻人能够深思熟虑。

无论晚辈有何缺点、不足,从始至终都温和有耐心地爱护晚辈,这样的前辈的确难能可贵,非常值得感谢;但是这样会让晚辈失去奋斗的意志。假如无论做错什么事都能获得前辈的宽恕,甚至前辈不但不指责,还为其善后,这样不免会让晚辈产生一种依赖心理,长久下去就会变得不负责任、轻佻浮躁,失去进取心。

与之相反,如果有个总是没完没了责备晚辈、对晚辈吹毛求疵的前辈,晚辈自然不敢有所马虎,一举一动都会小心翼翼,以免出现纰漏。这样一来，晚辈自然会万事三思而后行，谨言慎行，对自身有所约束。特别是有些前辈不但以挑晚辈的过错、嘲笑责骂晚辈为乐，甚至还连累其父母亲友，口出"有其父必有其子"等谩骂之语。遇到这样的前辈，晚辈一旦出错，不但自己颜面扫地，还会连累家人一起受辱，故而晚辈会更加发愤图强。

大丈夫的试金石

真正的逆境是什么样的呢？我想举个例子来说明。大抵世间应是风调雨顺、四方平稳的，但正如水面泛波、天空起风一样，就算是和平宁静的国家也不能断言就不会发生革命和动乱。与和平安定的时期相比较，这便是逆境了。

如果说那些生于乱世、被迫卷入纷争的人是不幸者，是真的处于逆境，那么我也算是一个处于逆境的人了。我生于明治维新那一动荡的时期，时至今日遭遇了各种变迁。回首往昔，处于社会变动时期时，无论是才学出众者还是勤奋好学者，都处于逆境，找不到通往顺境的路。

当初，我为尊王讨幕、攘夷锁港而奔走四方，后来却成了一桥家的家臣、幕府的臣子。后来，我又随名部公子去了法国，等从法国回到日本，幕府已经不复存在，国家变成了王政。为了适应这些变化，虽然我才干不足，但在学习方面我是用尽了自己的力量，没有什么可遗憾的了。但是对于社会变迁，政体革新，我却无可奈何，就这样陷入了逆境。

那时遇到的最困难的情形，至今我仍记忆犹新。当时遇到困难的并非我一人，在众多人才中与我有相同境遇的不在少数，但这毕竟是大环境变化时不可避免的结果。虽然像这样的大波澜并不多见，但随着时代的发展，人生中时常会发生小波澜，因此被卷入漩涡、处于逆境也是常有的事。世上不可能没有逆境，因此处于逆境的人需要研究缘由——是人为的还是自然存在的，并采取应对措施。

自然的逆境可谓大丈夫的试金石。处于逆境时该如何应对呢？我不是神，并没有特别的秘诀，恐怕社会上也不会有知道这个秘诀的人。综合我自身处于逆境时的经验，我认为，人在面对自然的逆境时，唯一的办法便是安守自己的本分。知足守本分，无论多么焦虑，也要知道这是天命，无计可施。这样即便处于逆境也会心平气和。反之，若是将逆境全部解释为人为，总以为可以用人力挽回，那恐怕会白费心力、徒劳无功。

当处于自然逆境时，应安于天命，在等待命运到来的同时，仍旧奋发图强、学习钻研，如此才不失为上策。反之，若陷于人为的逆境时，又该如何做呢？若是由于自己的原因造成的，除了不断反省自己、改正错误以外，别无他法。世间事大多依赖人的主观能动性，若是发自内心地奋斗，大多能如愿以偿。但是有许多人并没有为自己争取幸福，而是一味地等待，从而陷入了自己给自己造成的逆境中。这样的人即便是处于顺境，也难以获得幸福的人生。

量力而行

一直以来，我都将"忠恕"思想作为我的处世方针。自古以来，宗教家、道德家等博学鸿儒辈出，他们立法传道的宗旨就是教人修身养性。修身养性往复杂了说深奥难懂，往简单了说，我们平时举放筷子，都包含了修身的意义。

因此，我无论对家人、客人，看书信或是做其他事，都带着诚意。就像孔子所说的"入公门，鞠躬如也，如不容。立不中门，行不履阈。过位，色勃如也，足躩如也，其言似不足者。摄齐升堂，鞠躬如也，屏气似不息者。出，降一等，逞颜色，怡怡如也。没阶，趋进，翼如也。复其位，踧踖如也。"（进朝廷的大门，谨慎而恭敬的样子犹如没有容身之地。站，不站在门的中间；走，也不踩门槛。经过国君的座位时，脸色庄重，脚步加快，说话也好像中气不足一样。提起衣服下摆向堂上走的时候，恭敬谨慎的样子，憋住气好像不呼吸一样。退出来，走下台阶，脸色便舒展开了，怡然自得的样子。走完了台阶，快快地向前走几步，姿态像鸟儿展翅一样。回到自己的位置，是恭敬而不安的样子。）

此外，孔子在享礼、招聘、服饰、起居等方面也有许多谆谆教导。孔子在食物方面的教导有"食不厌精，脍不厌细。食饐而餲，鱼馁而肉败，不食。色恶，不食。臭恶，不食。失饪，不食。不时，不食。割不正，不食。不得其酱，不食"（粮食不嫌舂得精，鱼和肉不嫌切得细。粮食陈旧和变味了，鱼和肉腐烂了，都不吃。食物的颜色变了，不吃。气味变了，不吃。烹调不当，不吃。不是时令的东西,不吃。肉切得不方正,不吃。佐料放得不适当,不吃)这么一段话。虽然这都是微不足道的小事,其中却包含了许多道德和伦理。

若是能够注意到举放筷子这样的小事,那接下来就该了解自己。世上有不少人因对自己过于自信而抱有非分之想,只知好高骛远,忘了坚守本分,从而惹出了事端,招致了恶果。俗话说"有多大头戴多大帽",连螃蟹都会挖和自己蟹壳差不多大的洞穴,何况人呢?我便是这样的人,时刻告诫自己只做力所能及的事。10年前有人劝我出任财政大臣,也有人劝我担任日本银行的总裁。但是自从明治六年我开始投身实业界,这便是我挖的洞穴,如今也不会从这洞穴中退出,便拒绝了这样的提议。

孔子说:"进吾进也,止吾止也,退吾退也。"(该进时则进,该止时则止,该退时则退。)事实上,人的进退是非常重要的。若一味安守本分,则会丧失进取的意志,终将一事无成。有道是"业不成至死不还""大行不顾细谨""大丈夫一往无前",好男儿应当有孤注一掷的气魄,但这并不是让人忘记自己的本分。孔子说"从心所欲不逾矩",就是指在安守自己本分的前提下要勇于进取。

另外,年轻人最应该注意的是自己的喜怒哀乐。不只是年轻人,凡是在处世方面犯过错的人,多是不能好好控制自己情绪的人。孔子说:"《关雎》,乐而不淫,哀而不伤。"这就是在强调控制喜怒哀乐的重要性。我们饮酒、娱乐,都要以不淫不伤为度。我的原则便是诚心诚意,对任何事物都以诚待之。

得意时和失意时

大多数灾祸都是在人得意时发生的，人在得意时容易得意忘形，从而身陷险境。因此人生在世要注意这一点。要记住，得意时不骄傲，失意时不气馁，心平气和，按常理行事。同时，事情无论大小都应思虑周全。很多人在失意时即使是一件小事也会认真对待，而在得意时往往截然相反，凡事都以为是"小事一桩"，不以为然。我认为，无论是得意时还是失意时，都应事无巨细缜密思考，以免鲁莽行事造成过失。

很多人在面对大事时思虑周密，而对待小事则不以为意，这是世间的常态。就像我前面说过的举放筷子的例子，若对小事能多加注意，对大事就会考虑得更加周到。当然，一个人的精力是有限的，不能将有限的精力都放在无谓的小事上。也有一些大事无须过于忧心便可解决，可见事的大小不能只从表面来判断，有时小事可变大，有时大事可化小。不管大事小事，都要根据其性质好好考虑，然后找出合适的处理办法。

那如何处理大事才是合适的处理办法呢？首先我们必须考虑是否能够做好这件事。在这一点上，不同的人有不同的答案，有些人将自己的得失放在第二位，专心考虑最妥善的处理办法；有些人将自己的得失放在第一位，只顾着个人的好处；有些人不顾牺牲大小，一心只想将事做好；还有的人以自己为重，甚至不惜抛弃社会利益。不同的人会有不同的想法，不能一概而论。

如果问我是如何考虑的，那我会这样回答：首先考虑这件事怎么做才能符合世间的道理，然后考虑会给国家、社会带来什么样的利益，最后考虑是否能为自己带来好处。按这种方式来思考，如果既能符合世间的道理，又能为国家和社会带来利益，那我断然会舍弃自我，按理行事。

我觉得任何事情都要先探求其是非得失，看其是不是符合世间道理，然后再进行处理会比较好。所以，任何事都得深思熟虑。看上去符合世间道理的事就去做，或是一看不利于公益的事就放弃，这样做事未免过于武断，是不可取的。看上去符合世间道理的事也可能有不合理之处，还是需要多角度观察考虑。也有些事看上去不利于公益，但是进一步了解后发现有转机，那就需要更深入地去了解。只凭表面印象断定是非曲直、合理不合理，很有可能会造成费尽心力却一无所获的结果。

对于小事，常常不经过深思熟虑便匆匆做决定，这样并不好。因为是小事，所以可能很不起眼，可能谁都不会放在心上，但小事积累得多了就会变成大事，这个道理绝不能忘。有些小事当时顺手就能解决；有些小事却会成为日后大事的导火索，引发更大的问题；还有些小事会根据情况向着坏的方向或好的方向发展。有些事开始是小事，随着一步步的发展最终酿成了大祸；有些小事则可以带来一生的幸福。

这些都是积小成大的典型。人的冷漠或是任性，也会积小成大。日积月累之下，政治家会败坏政界，实业家会毁掉经济，教育家则可能误人子弟。所以说，小事未必就小，世上并没有大事小事之分，重此轻彼本来就非君子所为。对待事情，要不分巨细，一视同仁，抱着相同的态度去思考和处理。

在这里我还想多说一句，人不要得意忘形。古人云："成名常在穷苦之日，败事多在得意之时。"说的就是这个道理。人在困难时期对待事物都会谨慎认真，最后功成名就。世上的成功人士都会经历"不懈努力渡过难关""在痛苦中走出困境"的时期，这都是小心翼翼处事的结果。而失败则多在得意之时就有了征兆。

人在得意的时候，会认为天下任何事情都能易如反掌地解决，从而忽略容易犯错的细节，最终导致失败。这和小事酿成大祸是一样的道理。所以，人在得意时切忌得意忘形，无论小事大事都要谨慎对待。水户黄门光国公墙上所写的"小事皆通达，临大而不惊"，真是至理名言。

第二章
——立志与学问——

不能全身心投入工作、将工作做好的人,是打不开功成名就的命运之门的。

防止精神衰老

曾经以交换教授身份从美国来到日本的梅比博士,在期满回国时,语重心长地对我说:"我是第一次来贵国,所以看什么都觉得新鲜。让我印象最深的就是,日本是个上进的国家,上层也好下层也好,都在认真地学习,很少有偷懒的,到处都是生机勃勃的景象。几乎所有国民都开开心心,抱着能够达成愿望的信念,这是非常值得赞赏的。但是我不想只说好的方面而避讳不足之处,这不免有阿谀奉承之嫌,我想畅所欲言。

"我只接触到官府、公司,还有学校,所以对它们关注得更多一些。它们都特别注重形式,相比事实,它们更看重形式。美国是最不拘泥于形式的,所以这种现象在我看来就特别明显,一旦成了国民性就不得不注意了。

"另外,任何一个国家都不会只有一种言论,只要有人说左,就会有人说右,有进步党就会有保守党,同一个政党内也会出现主张相反的人。这在欧洲或是美国都是司空见惯,而且显得高尚的;但是这在日本既不普遍,也不推崇,说得不好听点儿甚至被认为是低级的、固执的。即使是微不足道的小事,一旦和自己的主张不一致,人们就会破口大骂,这种现象在政界尤为严重。"

对此,他也做了一番解释:日本长期处于封建制度的统治下,小藩侯之间相互对立,一旦其中一方有强盛的迹象就会立即遭到另一方的攻击,久而久之便成了习惯。他虽然没有进一步说明,但是我知道他指的是元龟、天正以来,三百诸侯鼎立,互相欺凌、战乱不断留下的后遗症。虽然日本人并不缺乏温和的人性，但是日积月累终于演变成当前党派间的冲突。我也认为这的确是封建社会的余弊。再举一个更近的例子，水户原来是一个人才辈出的藩地，但是由于内部的倾轧斗争而衰败。如若没有藤田东湖、户田银次郎、会泽恒藏，以及藩主烈公那样的伟人，那里也许就不会因争斗而衰败了。因抱有这样的想法，我对梅比博士的说法深表赞同。

他还对日本的国民性中感情强烈这一点表示不是很赞赏。日本人对一些小事都会感情用事，但随即又忘掉。换句话说就是情感波动很大，但又很健忘，这需要好好提高修养和耐心。

他还提到了日本的国体。他说："日本人对君主的赤诚之心，在美国人看来完全无法想象。我对此感到非常羡慕和敬佩。这样的国家在别处是无法看到的。虽然以前也有所耳闻，但是在亲眼所见之后更加敬佩了。但不客气地说，为了让这种精神保持下去，将来有必要让君权尽量不干涉民政。"

虽然对于他的有些话，我们不便评论对错，但是对于这些比较抽象的评论，我认为不能一概排斥，因此我回答道："您这些话，我个人受益匪浅。"他还谈论了其他方面，最后对在日本期间受到的礼遇表示感谢："在这半年中，我能直言不讳地表达自己的想法，在各个学校受到学生以及其他人亲切友好的接待，我非常高兴。"

一个美国的学者，对在日本的所见所闻做出评价，也许并不能给国家带来多大的益处。但就如前面所述，将外国人不带偏见的批评引以为鉴，开阔国民的胸襟，并对这样的批评不断反省，这样才能真正提高国民素质；若背道而驰，国民则会变得眼界狭隘。当这样的批评越来越多时，人们就不愿再与我们交往了。

因此，我们不能忽视任何一个人对我们的评价，就像司马温公告诫的"君子之道，始于非妄语"，哪怕只是无意中说出的诳语，也会失去别人的尊重。就如一次错误的行为就会毁了一生的荣誉一样，一个人的感情也会牵涉到国家的名声。梅比博士带着上述想法回国了，虽然这不是什么大事，但我认为也不能视而不见。

对这些进一步思考，大家都努力拼搏，才会有如今先进的国家，我们当然想要取得更大的发展。在此我想说的是，近来关于青年的话题甚嚣尘上——都说青年人很重要，必须要关注青年人，等等——这些我都表示同意。但从我的角度来看，青年人固然重要，老年人也同样重要，只提青年人而忽略老年人是错误的。

我在别的会议上曾说过，我希望自己能成为一个文明的老人。虽然我不知道人们认为我是一个文明的老人还是一个野蛮的老人，但我希望自己是一个文明的老人，而在诸君眼中我也许是一个野蛮的老人。但如果仔细观察，和我年轻的时候相比，我觉得现在的年轻人开始工作的年龄有些晚，就像是日出的时间延后了。然后又因早衰而引退，这样实际工作的时间就大幅缩短了。

试想一个人如果做学生研究学问到30岁，那至少要工作到70岁。若是50岁、55岁开始衰老，实际只有20~25年的工作时间。当然也有非凡的人，仅花10年就成就了百年大业，但毕竟这样的人寥寥无几，多数人是无法做到的。何况社会变化很快，各种技术日新月异,也许博学之士的新发明能够让人上了年纪也不衰弱,或是让人在年轻时就有足够的智慧——就如马车发展成汽车,汽车又发展成飞机,使世界变得越来越小一样,人类的活动也会比现在更加丰富。

如果新生的婴儿立即能成为有用之才,可以一直工作至生命终结的话,那是最好不过的。我很期待田中馆先生能有这样的发明。不过在此之前,我觉得老年人还是要好好地工作。

文明的老人即使身体衰弱了,精神也不会衰老。要使精神不衰老就要活到老学到老,不落后于时代,这样无论何时我的精神都不会衰老。我很不屑只有肉体没有精神的人,希望能在肉体存在的有限时间里,让精神永存。

立足当下

在德川时代的末期,由于旧习的限制,一般的工商业者和武士所受的教育截然不同。武士不单以修身齐家为本提升自我修养,还要学习如何管理国家,一切以经世济民为着眼点。而农民和农工商阶层的教育无须考虑如何治国,只是一种卑浅的教育。在当时,能接受武士教育的人寥寥无几——以私塾的方式进行,由寺庙的和尚或富有的长者负责。

平民和农工商阶层基本都只接触国内的事物,无需涉足国外,因此低等教育对于他们来说足够了。而且主要商品的运送、销售都由幕府或藩地垄断,农工商阶层的人所接触的范围实际上非常狭窄。当时的平民就犹如工具一般，要忍受武士的傲慢态度及无理责罚，甚至是残暴的杀戮。

这样的情况一直延续到嘉永、安政年间才有了变化。接受经世济民教育的武士因倡导尊王攘夷，最终促成了明治维新这一重大社会变革。

我是在明治维新后不久成为大藏省的官员的，当时在日本有关科学的教育几乎为零。面向武士的教育有各种高尚学说，但是面向农工商阶层的教育几乎没有。即使有也都是低级的教育，而且多为政治教育；国家虽然开放了与国外的交流，却没有能够应对这一变化的学识。如此，再怎么想富国，也是心有余而力不足。

一桥高等商业学校创建于明治七年，但几经停办。这是因为当时的人都认为，商人根本不需要多高深的学问。我曾极力呼吁，为了能够和国外交流，科学知识是商人必不可少的。幸运的是呼吁起了成效，从明治十七八年开始，一批才学兼备的人才渐渐涌出。从那时至今，不过短短三四十年，日本的物质文明已发展到了不输国外的水准。利弊相连，在这期间也出现了重大的弊端。德川政权三百年间的太平盛世实行的专断政治虽然有诸多弊端，但那时接受教育的武士中不乏精神高尚、行为正直的人，而如今已经没有这样的人了。人们积累了财富却丧失了武士道或仁义道德，斯文扫地。精神文明教育完全衰退了。

我从明治六年（1873）起，倾自己的绵薄之力发展物质文明。所幸，如今全国到处都能看到有实力的实业家，国家变得富有了，但人民的精神品格却比维新前退步了；或者说，不只是退步了，甚至让人担心是否已经消失殆尽了。我认为物质文明的发展阻碍了精神文明的进步。

我坚信，人必须要有上进的精神才能取得进步。我出身于农民家庭，没有受过高等教育，所幸学习了汉字，借此获得了这种精神。我不挂心天堂或是地狱，只相信立足当下做正确的事，就能成为优秀的人。

大正维新的启迪

"维新"即《汤盘铭》中所说的"苟日新，日日新，又日新"，意思是，在拼尽全力的时候，自然会产生新的气力，增进行为的锐气。我所谓的大正维新就是这个目的。简单来说，就是做一件事之前先要下定决心，然后上下一心，才能实现目标。正因为现在社会上普遍有保守复古的倾向，所以大家才更需要奋发努力。和明治维新时的人物相比，大家都需要好好反思。明治维新以来的事业，虽然有些失败了，但是大多数都发展良好，成绩斐然。虽然也有别的方面的原因，但是朝气蓬勃的社会氛围是一大要因。

人们在青年时代血气方刚，要善用这股干劲来构筑日后的幸福。等到老了以后，就容易凡事保守，循规蹈矩，做事瞻前顾后，那时就什么都做不成了。青年时代为了坚持正义会不惧失败，只要自己认为是正确的，就会勇往直前，带着正义的信念前进，义无反顾。只要有这样的志向，无论多大的困难都能克服，即使失败了，也会认为是自己的能力不足而无怨无悔，并且从中吸取教训，培养坚强的意志，增强成功的信心。这样进入壮年后才能成为有用的人才，成为国家信赖的中流砥柱。

他日将肩负起国家重任的青年要胸有大志，从现在起就要时刻准备投入日后激烈的竞争中。如果你好逸恶劳，抱着做一天和尚撞一天钟的想法，那不只是国家的前程令人担忧，你自己的前程也会断送掉。

明治维新时期可以说是万物初创、秩序混乱的时期，比起那时，现在的社会环境已是焕然一新，发生了天翻地覆的变化：社会井然有序，教育普及，行事方便。如果能做事周到细心，大胆地发挥才能，定然能体会到创大业的愉悦感。但也是因为当今已是秩序确立、教育普及的时代，故而做事时如果仅比普通人优秀一点点，是无法取得大的成就的。这多少也算是教育普及的一点弊端，所以我们需要积极进取，充满活力，冲破各种阻碍，这样才能取得最终的成功。

丰臣秀吉的优点和缺点

乱世中的豪杰不拘礼节、持身不正，不只出现在明治维新时期的那些元老身上，任何一个乱世都会有这样的人。我也不敢夸口说自己是一个持身端正的人。就连稀世英雄丰臣秀吉也是一个不拘礼节、持身不正的人。虽然这不是值得赞赏的事，但是我认为身在乱世，迫不得已，就不必这么苛求。若要指出丰臣秀吉最大的缺点，那便是持身不正、有勇无谋；要说其优点，那便是好学、勇猛、机智和有气概。

在上述各项优点中，要说其最突出的优点那就是勤奋好学。我由衷地佩服秀吉的这种精神，希望各位青年人能够学习秀吉的勤奋。成事非在成事之日所成，而是靠长久以来的努力所成。秀吉能成为旷世枭雄也是凭借滴水穿石的积累。

秀吉侍奉织田信长时名叫木下藤吉。秀吉当时的主要工作是为信长提草鞋，每到冬天，他就将草鞋捂在胸口，这样无论信长什么时候穿，草鞋都是热乎乎的。能够将如此细微的事放在心上，如果不是特别勤奋努力的话，是无论如何都做不到的。有时信长会很早外出，还不到随从前来当值的时间，只有秀吉能够做到随叫随到。虽是传闻，但也说明秀吉是一个勤奋刻苦的人。

天正十年（1582），织田信长被明智光秀杀害时，秀吉正在备中地区攻打毛利辉元。听闻兵变后，他立即同毛利氏议和，并向毛利借了弓箭和枪支各500，旗帜30面，以及一队骑兵。他率军以最快速度从中国撤退，在距离京都仅数里之遥的地方一举歼灭光秀的军队，并将光秀的首级悬挂于本能寺示众。

这离信长在本能寺被杀仅过去13天，按现在来算也就是两周不到而已。在既没有铁路也没有汽车，交通极为不便的时代，京都发生事变的消息一传至中国，秀吉就当机立断与敌军议和并借来兵器人马返回京都，事变后仅花了不到两周的时间就大获全胜，这就是秀吉平常勤奋好学的结果。如果没有平常的积累，就算再机智，空有一腔为主公报仇的热血也无法如此速战速决。我认为马不停蹄、日夜兼程从备中地区到摄津的尼崎，才是真正取得胜利的关键。

第二年，也就是天正十一年（1583），在贱岳之战中，秀吉歼灭柴田胜家，统一天下。天正十三年（1585），秀吉登上关白之位。从本能寺之变到一统天下，秀吉仅花了3年时间。虽说这得益于秀吉拥有异于常人的天分，但也与他刻苦好学的精神分不开。

据说秀吉跟随织田信长后不久，曾两日之内就修筑了清州城墙，令信长吃惊不已。这虽是传闻，但我觉得凭秀吉的学习精神，这样的事是有可能的。

亲力亲为

有些青年常感叹想做大事却没有信赖自己、帮助自己的人，没有发掘自己的伯乐。的确，无论多优秀的俊杰之才，其才能胆略若没有被前辈或世人发掘，就无处发挥。如果认识有能力的前辈或亲戚中有大人物，能力被发现的机会就多一些，也会比普通人幸运——这里说的是普通的年轻人。

那如果没有前辈或亲戚提拔是不是就没有出头之日了？当然不是。如果有个年轻人既有能力又聪慧有才智，即使没有能够助其一臂之力的亲戚或知己，他也不会一直赋闲在家的。现在社会虽然人很多，但官场、公司甚至银行都是人浮于事，真正能被前辈所信赖的人并不多。因此只要是人才，哪里都会想要。这就犹如别人已经做好了满桌子菜，吃还是不吃完全取决于拿筷子的人。做好了菜还要喂到年轻人的嘴里，前辈和社会可没有这么清闲。丰臣秀吉匹夫出身,最后吃到了"关白"这道大菜,信长可没有喂到他的嘴里,是他自己拿起筷子夹住的。人要想有一番作为,就必须自己行动起来。

无论是谁,在将工作托付给他人时,都不会对缺乏经验的年轻人委以重任。秀吉虽然成了大人物,但是刚开始侍奉信长时,也只是做给信长提鞋这样不起眼的工作。有些人认为自己受过高等教育,若和学徒一样打打算盘、记记账真是大材小用,还认为前辈根本不懂人才经济,并因此感到愤愤不平。这其实是非常愚蠢的想法和做法。的确,从人才经济的角度来看,让有才之人做小事确实不合算;但是前辈宁愿不合算也要这样做是有充分理由的,绝不是愚蠢之举。所以要先遵照前辈的意思,专心做好前辈安排的工作。

总是对前辈交代下来的工作感到不满,或是轻视小事,不认真对待,都不是明智之举。无论多琐碎的小事,都是大事的一部分。如果不屑于做小事,一味好高骛远,最终将一事无成。这就犹如钟表上的小指针、小齿轮和大指针的关系,如果小指针、小齿轮不能正常运转的话,那大指针也必然停止不前。再比如营业款高达千百万的银行,计算上哪怕错了毫厘,当天的账目也是无法核对清楚的。年轻人心高气傲,看到小事不以为意,如果这仅限于一时的话,日后还不至于因此惹出大麻烦来,但如果养成了不认真对待小事、粗心大意的习惯,终是难成大事的。水户的国光公在墙壁上挂的格言是:"小事皆通达,临大而不惊。"无论是从商还是从军,做任何事都应该这样考虑。

古人说:"千里之行,始于足下。"即使认为自己能够成就大事，这大事也是由各个方面的小事积累而成的。无论在什么情况下都不要轻视小事，而要诚诚恳恳地去好好完成。秀吉能受到信长重用的关键也在于此。他先是认认真真地做好了提草鞋的工作，当信长将一部分士兵托付于他时，也认真完成了将领的工作。这让信长非常满意，于是破格提拔他，使他拥有了和柴田、丹羽平起平坐的地位。无论是接待员还是记账员，不能全身心投入工作、将工作做好的人，是打不开功成名就的命运之门的。

立大志与立小志

没有人是天生的圣人，我们普通人在立志时往往容易误入歧途：或是追随眼下社会的风潮，或是为身边的事情所限制，从事了自身并不擅长的工作，这都不是真正意义上的立志。

如今社会秩序井然，一旦立志后再想转换到其他领域，会非常不容易。因此，立志之初需谨慎，要冷静地思考，仔细比较自己的长处和短处，选择自己擅长的方面作为发展方向；同时，也需考虑自己的处境是否能够实现志向。例如，一个身体强壮、头脑清晰的人，想一生投身于学问研究，但如果财力不济，想实现这一志向也是非常困难的。所以，立志还要建立在自己力所能及的基础上。现在有些人不经过深思熟虑，只凭社会上的一时风气便匆匆立志，最终将无法如愿以偿。

确定了大志向的主干后，还需要时时注意犹如旁侧小枝的小志向。无论什么人，对于经常接触的事都希望能做好，能够做好这些事也是一种立志。我们说的小志向便是这些了。例如，看到某个人因为一些行为而受到人们的尊敬，于是自己也萌生了想受人尊敬的想法，这便是一个小志向。但是在追求小志向上所费的心力，要以不影响贯穿一生的大志向为前提。此外，由于小志向本身时常会发生变化，所以要注意不要让这些变化影响大志向。总之，大志向和小志向之间不能互相矛盾，需经常调整两者使其保持一致。

以上所述都是关于如何立志的内容。说到立志，我们可以看一下古人是如何立志的，就以孔子为例吧。

我素日里将《论语》作为处世原则，就是通过它来探究孔子是如何立志的。《论语》中提到"十有五而志于学，三十而立，四十而不惑，五十而知天命"。由此可见，孔子在 15 岁时就已确立了志向。但是这个"志于学"是否就是意志坚定地将研究学问当作一生的志向，我无法确定。不过，他立志要做学问是无疑的。

"三十而立"说的是此时已经能在世间立足，自信已经掌握了修身齐家治国平天下的本事。"四十而不惑"则是指到了此时，一旦立志便会坚定不移，已不会再因为外界的干扰而改变志向，有充分的自信继续下去。此时志向已经渐渐地有了成果，信念更加坚定了。可见，孔子的立志是在 15 岁至 30 岁之间。当初"志于学"时也许还会有几分动摇，到了 30 岁已下定决心，到了 40 岁就完成了当年的志向。

这说明立大志就像人生这栋建筑的主干，立小志则是装饰。如果一开始不好好考虑如何构建主干，等到日后，好不容易造了一半的建筑就很容易半途而废。立志是人生最重要的出发点，任何人都不能轻视。我们要充分理解立志的重要性，好好考虑自身的特点，定下适合自己的目标。任何人只要按这个方法去做，相信人生路上都不会有太大的失误。

君子之争

　　社会上有些人认为我是一个绝不会与人相争的人。我确实不喜欢与人争，但也不是完全不会与人争。要坚持正义之道，争是无法避免的。若要世间绝对避免争斗，那么善就会被恶战胜，就无法伸张正义。鄙人虽不肖，但也不会站在正义之道上对邪恶退避三舍，即不是世人所说的圆滑之人。一个人无论多圆滑，都不能失去棱角，否则就会像古歌中所唱的那样，太过圆滑，就容易跌倒。

　　我不是世人说的那种圆滑之人。虽然我看上去好像很圆滑，但其实不然。我年轻时是这样，到了年逾古稀的现在，仍然是这样。要是遇到想动摇我信念的人，我绝对要和他们一争到底。只要我认为自己所做的事是正确的，无论什么样的情况，我都不会妥协。这就是我说的不圆滑。人不分老幼，都要有这种不圆滑的地方，否则人的一生就没有意义了。在处世方面，圆滑虽然有助于发展，但是过于圆滑，就会像孔子在《论语·先进》中说的"过犹不及"，失去了自己的性格。

　　我绝对不是这种圆滑的人。有一件事可以证明我是有棱角、不圆滑的人——虽然用"证明"这个词有些奇怪,但我还是想说说这件事。当然,我年轻的时候没有和人打过架。但是年轻的时候和现在不同,稍有不如意,情绪就会显现在脸上;因此我在别人眼里,也许比现在更容易与人发生争执。年轻时的争执都是口头上为了权利而争,从未发展到武力上的冲突。

明治四年(1871),我33岁,在大藏省担任总务局长。那时大藏省的出纳制度进行了一次大的改革,新颁布的修正法采用西式簿记法,金钱的出纳都要使用传票。但是当时的出纳局长——名字就不提了——对此持反对意见。传票制度实施后,我发现不少错误,就责备了当事人。一天,这位反对我提案实行修正法的出纳局长,态度傲慢地推开了我总务局长室的门。

这位出纳局长怒气冲冲,像是要审问我。我只是静静地等着听他说些什么。他对于在实施传票制度过程中发生的错误毫无道歉之意,只是一味地讨伐我颁布的修正法使用西式簿记法。他说:"你只顾崇尚美国,从头到尾都要效仿美国,就因为你颁布修正法,用簿记法来出纳,才会发生这种错误。比起犯错的当事人,你这位提议修正法的人才是罪魁祸首。要是不用簿记法,就不会有这种错误,也就不用受你责备了。"

他说的话并不中听,也毫无反省自己错误的样子。我虽然对他的这种行为非常吃惊,但还是不带怒气耐心地向他解释:"为了出纳的正确性,一定要采用欧洲的簿记法,所以必须要用传票。"然而这位出纳局长完全不听我的解释,还没争论几句,他就已经面红耳赤,要向我挥拳了。

相比他的人高马大,我的身材明显矮小。可他一发怒就显得行动笨拙，看上去也就没那么强大了。而我年轻时习武健身，也不是没有臂力。他要是真动武，对我无礼的话，我怎么都是能够对付的。当他从椅子上站起来，犹如阿修罗一样挥着拳头向我逼近时，我立刻离开了椅子，神情自若地后退两三步，将椅子放在前面。他正想着如何下手时，我择机镇静地说："这里是政府机构，有规矩，怎么能像市井小民一样动粗？你可要想清楚了。"被我这么一呵斥，这位局长也突然清醒过来，知道自己有失仪态，收起拳头，灰溜溜地走出了总务局长室。

后来，有人提出这个人的去留问题，认为他在政府机构竟然要对上级实施暴力，是不可原谅的。但是我认为，只要他能够悔悟自己的过错，依然可以留用。那时有同僚比我更加愤慨，将详细情况报告了太政官，太政官觉得这样的行为不能听之任之，于是罢免了他。对此，至今我都觉得有些愧疚。

社会与学校的关系

学校和社会，其实并没有太大的差别。但是学生们常常会将社会理想化，等到日后亲眼看到了复杂的社会生活，不免会觉得意外。现在的社会和往日不同，各种事物纷繁复杂，而学校方面也分出了众多科目，如政治、经济、法律、文学，还有农科、工科、商科之分。在这些科目中，工科还分为电子、蒸汽、造船、建筑、采矿、冶金等，连看上去比较单纯的文学也分成了哲学、历史、教育、写作等，都是根据大家希望将来从事的职业，区分得多样而复杂。

在实际的社会生活中,个人的活动并不像在学校时从课桌上看到的那样,区分得那么细致,所以稍有不注意,就容易出错。学生需要时常注意这一点,着眼于根本,才能不误大局,站稳自己的脚跟。也就是说,要时时注意分清自己和他人的立场。

很多人会急功近利,忘记大局,追随潮流,满足于微小的成功,稍遇失败就灰心丧气,这是人之常情。刚毕业的学生轻视社会实务,对实际发生的问题有所误解,大多是由于这个原因。这种错误的想法必须要改正。

学问与社会的关系举个例子来说,就像看地图和实际行走的关系。打开地图一眼望去,世界尽收眼底,国家、乡村都在掌握之中,军用地图更是详细,小河、小山丘,甚至连土地的高低倾斜都标得清清楚楚。但是和实际情况相比,地图仍然会有很多体现不出来的地方。不深思熟虑、充分研究的话,一旦踏入实际地区,就会茫然失措,毫无头绪。

因为实际情况是山高谷深、森林无边无际、河流宽广。遇到高山,无论如何攀爬都无法登顶;遇到大河,只能多费精力绕路前行;进入深谷,不知何时才能走出。实际情况困难重重,此时如果没有坚定的信念,没有掌握大局的睿智,而是失望、害怕、失去勇气、自暴自弃,迷走在看似都一样的野山中,那最终只会是不幸的结局。

通过这个例子来思考学校和社会的关系,我们应该很快就能明白。总之,社会上的事物多样复杂,如果事先不充分了解,就会遇到很多预想不到的问题,所以,学生平时就该注意做好社会研究。

培养勇气

精力旺盛，充满活力，才有能力做大事。但是要做大事，如果方法有误，就会导致失败的结果。因此，人一生都需要注意，要考虑如何勇猛前进。勇猛前进的力量受到正义观念的鼓舞，才会突飞猛进。

要说培养果断、正义的勇气，需要在平时就加以注意。先从锻炼身体开始，即练武，尤其要锻炼下腹部的力量，使身体保持健康；同时也要陶冶情操，身心一致，提高信心，勇气自然就能得到发展。锻炼下腹部的方法我觉得可以试试现下流行的腹式呼吸法、静坐法、息心调节法等。

很多人一激动血就往脑子里冲，因此容易神经过敏，导致行事冲动。但一旦养成了将力量集中于下腹部的习惯，就会变得心宽体胖，遇事沉着，勇气可嘉。所以自古以来，武术家的性格一般都比较沉着，而且动作灵敏，因为武术都是锻炼下腹部，并且他们养成了集中全力出手的习惯，从而可使身体自由活动。

要培养勇气，除了需要注意身体的锻炼，还要注意内在精神的修养。我们可以通过读书来细细感受古往今来勇者的言行、长者的教育，听其箴言，并身体力行，以提升精神修养，并培养倡导正义之心，只要能达到言行不离义的境界，勇气就会油然而生了。需要注意的是，年轻人血气方刚，若是不分青红皂白，逞一时之勇，则会变成粗暴之举，这是绝对不可取的。品性恶劣不是勇气，不仅会毒害社会，还会使自己身败名裂。这一点要非常注意,一定不能放松自身的修养。

日本现在的状态还谈不上高枕无忧,还不是可以满足于继承已有事业的时代,而是一个需要创新,需要追赶甚至超越先进国家的步伐,需要有破釜沉舟的决心,需要排除万难、勇往直前的时代。这就需要青年人不断地促使身心健康发展,保持旺盛的精力。我希望青年人都能够做到这一点。

一生要走的路

我说过,我17岁时曾梦想成为一个武士,因为那时的实业家与百姓一样被轻视,在社会上被当作下等人对待。而只要生在武士之家,即使没有才能,也能跻身社会的上流阶层,肆意扩张权势。对此,我非常生气,同样是人,为什么只有武士行呢?

在学了一些汉学,读了《日本外史》等书籍后,我了解了政权由朝廷转向武士家的经过,便有了一些慷慨的气概,不甘心作为一个普通百姓了此一生,越发想成为一个武士。那时候,我的目标不止是想成为一个武士那么单纯,而是想成为武士的同时,能够改变当时的政治体制。按现在的话来说,就是抱着想成为政治家参与国政的希望。这就是让我做出背井离乡、四处流浪的错误之举的原因。从那时起到后来我成为大藏省官员的十几年,以我如今的视角来看,几乎是将时间浪费在了毫无意义的事上,现在回想起来不胜痛惜。

坦白说,我的志向在青年时期经常变。我最后决定投身实业界是在明治四五年的时候，现在回忆起来，那时的决定才是我真正的志向。以我的才能来看，投身政界正好选择了我的短处，也就是说我并不适合从政。我那时才渐渐有所领悟，认识到欧美诸国的繁荣昌盛，完全是由于工商业发达。如果日本仅维持现状，何时才能与这些先进国家平起平坐呢？为了国家的工商业能有发展，我下定决心投身于实业界，从那时起，到之后的40多年一直未变，对于我来说这才是真正的立志。

回想起以前立的志，因为与我的才能不匹配，所以并不适合我。由于不了解自己而立下的志向，一定会时常改变。而之后的立志，从40年来再未改变这一点来看，是与我的才能相匹配的立志。如果我能早知道这些，在十五六岁的时候就投身于工商业，与我30多岁时踏入工商业相比，中间有十四五年的漫长岁月，在这期间，我就能够充分积累有关工商业的素养了。

如果真是这样，那现在大家也许就能在实业界看到一个比现在的涩泽荣一更加出色的涩泽荣一了。可惜的是，由于青年时代的失误，我将精力浪费在了完全不同的领域。希望将要立志的青年以我为戒，不要再重蹈我的覆辙了。

第三章
——常识与习惯——

要判断一个人行为的善恶,一定要仔细分析他的动机和行为可能带来的后果。

何谓常识

为人处世，无论身份地位是高是低、所处境地是好是坏，常识都不可或缺。那么，到底什么是常识呢？

我是这么理解的：所谓常识，就是指遇事不离经叛道，不固执己见，能明辨是非善恶，能分清利害得失，言行举止都合乎中庸之道。如果从学理上来解释，就是"智、情、意"三者保持均衡发展。换言之，通晓一般的人情世故，了解通俗的做人道理，遇事能够妥善处理，就是通晓常识。

虽然剖析人的心灵，将它分成"智、情、意"三部分的是心理学家，但恐怕没有人会否认三者调和的必要性。正因为有了智慧、情爱和意志，人类的社会活动才得以进行，才能通过接触外物获得成就感。因此，下文我想谈一谈自己对常识的根本原则——"智、情、意"三者的看法。

对人而言，"智"起着什么样的作用呢？生而为人，没有智慧便没有对事物最基本的辨别能力。如果一个人不能辨别是非善恶、分不清利害得失，以善为恶、以恶为善，或是以利为害、以害为利，那他就算有再多的学识又有什么用呢？只会白白糟蹋自己的学识。认识到这一点，便能明白智慧对人的重要性。

但也有人不推崇智慧，宋代的大儒程颐、朱熹就是代表。他们认为智慧使人精于算计、学会欺瞒诡诈、远离仁义道德、陷入功利主义，因此主张远离智慧。其实这种想法是将本应活学活用的学问变成了死物。教人明哲保身，是极其荒谬的。如果世上尽是这种自扫门前雪的人，世界将会是怎样的一副光景？这种人对社会毫无贡献，甚至连生活在世上的目的都弄不清楚。

当然，人是不能做坏事的，但如果为了避免做坏事而什么都不做，那也算不上是真正意义上的人。如果给智慧套上牢固的枷锁会怎样？坏事当然做不了了，但人的意识也会不自觉地产生消极倾向，做好事的想法也就少了，这才是最令人担忧的。朱子主张"虚灵不昧""寂然不动"，讲仁义忠孝，说智近于诈。正是他的这种说法让孔孟之教变得偏激而狭隘，让世人对伟大的儒学精神产生了误解。事实上，智慧对人来说是不可或缺的，我们绝对不能轻视。

我们要尊重和重视"智"，但这并不意味着只靠智慧人类社会就能正常运转。如果不适当辅以另一个重要因素——"情"，智慧的能力势必无法得到充分发挥。比如一个人聪明绝顶却薄情寡义，他会做出什么事来呢？这种人为了谋求自己的利益，甚至可以毫无顾忌地排挤、伤害他人。有智慧的人往往一眼就能看清事物发展的前因后果，分析得也十分透彻，这是好事。可如果这种人无情无义，那后果将不堪设想。因为他们完全以自我为中心，只用自己的优秀能力来满足一己私利。他们会变得非常极端，不惜以牺牲他人为代价，不管他人死活。这时就需要"情"来调和。

"情"是一种缓和剂，有了它，很多事情都能保持平衡，得到圆满解决。人类的活动中如果没有了"情"，一切都将从一个极端走向另一个极端，最后所有人都会无所适从。因此，"情"是人类活动中不可或缺的一个因素。不过，"情"也有它的缺点，那就是人类易被它所困。人的喜怒哀乐变幻无常，稍有不顺，就容易情绪激动。如果心中没有其他要素加以制约，人就会变得感情用事。这时就需要另一个重要因素——"意志"了。

感情容易失控，能控制它的无外乎坚强的意志。意志是精神的本源，有了坚强的意志，也就具备了成为生活中的强者的潜质。当然，徒有坚强的意志，却没有必要的"智"和"情"，就会成为顽固不化或专制强横的人。即使自己有错也不会加以改正，而是盲目地相信自己，坚持自己的意见。这种人固然有其可取之处，但欠缺应付世俗社会的能力，精神上偏重于一个方面，称不上是健全的人。

总之，拥有坚强的意志和聪明才智，再用情感加以调节，三者融为一体、协调发展，这样的人才是有常识的人。现在的人老是将"坚强一点"挂在嘴边，但如果只是意志坚强，其他方面的能力欠缺的话，终究不是一个对社会有用的人。

口是祸福之门

我平日里爱说话，经常在各种场合发言，还喜欢到处发表演讲，有时不知不觉话就讲多了，难免会遭人挑刺或被人笑话。但不管别人如何挑刺、如何嘲笑，我都坚持表里如一，绝不信口开河。所以我说出来的话，绝对没有虚妄之词。可能在旁人听来有些话荒诞不经，但都是我自己相信的事情。

都说祸从口出，若因为害怕惹祸就三缄其口，那会怎么样呢？必要的场合就应该适当地开口，如果因为没有表达清楚而糊里糊涂地葬送掉大好的机会，那岂不是令人惋惜？这样是防了祸，可也没有带来福，要知道福也是能从口出的。虽然多嘴令人讨厌，可是一味地沉默寡言也不值得推崇。当今社会竞争激烈，沉默寡言是不能顺利成事的。

我虽曾"因言致祸"，可也曾"因言得福"。一味沉默解决不了任何问题，而有时稍一张口就能帮助他人解决困难。由于我能言善辩，经常受托去调和矛盾，也能让事情得到圆满解决；也是由于我能言善辩，遇到的工作机会也比一般人多一些。如果我是一个沉默寡言的人，相信这些好事是不会自己找上门来的。所以说，口既是祸之门，同时也是福之门。松尾芭蕉说："是非只为多开口。"这是把祸从口出文学化了，也未免过于消极了。说得极端一点，就是让人一句话都不要说了。真要这样的话，人与人之间就变得愈加疏远了。

口舌既是祸起之门，又是产生福祉之门。想要招来福祉，多说不是坏事；但多言同样会招来祸患，因此说话时必须谨慎小心。人生在世，说的每一句话都要深思熟虑，绝不能信口开河，随意妄言。

因恶而知美

我经常被人误解为是一个清浊兼容、不分正邪善恶的人。不久前有人当面问我："先生把《论语》作为为人处世的根本原则，可是在先生帮助的人中不乏和您主张相反的人、不以《论语》为行为准则的人。就算是被社会责难的人，您也能丝毫不顾社会舆论，坦然与之相处。您这样做，难道就不怕有伤您高洁的人格吗？我很想听听您的高见。"

的确，他的批评也许是对的，我自己也曾这么想过。不过我也有自己的理念——人生在世，除了要修身，同时也要力所能及地做些好事，为社会进步做出应有的贡献。因此，我会把个人财富、地位和子孙荣辱放在第二位，首先考虑为国家、社会尽一份力。我将更多地思考为他人谋福利、帮助他人发挥自己的能力。或许这就是我让人误解的主要原因吧。

自我投身实业界以来，接触的人逐渐多了起来。如果这些人都能效仿我的做法，发挥自己的长处为事业而奋斗，即使他们的初衷是为了自己的私利，只要他们所做的行业是正当的，对国家和社会也都是有利的，我就会理解并帮助他们达到目的。

我不仅对待工商界的人士如此，对待拿笔杆子的人也是一样。比如做报纸和杂志的人来找我，请我谈谈个人的主张，如果刊载我的些许观点能够发挥更大的价值，对于那些出自真心的请求，我都会欣然接受。之所以这样考虑，不单单是为了满足前来采访的人，也是想为社会作贡献。因此，就算再忙，我也会抽出时间来接受采访。无论和对方熟不熟，只要我方便，就一定会耐心倾听他们的意见。只要来访者的要求不违背道德、不过分，我一定会尽心尽力地满足他们。

然而令我头疼的是，有人利用我的"开放政策"提出一些不合理的要求。例如，有素不相识却找我借钱的人；有因为父母收人不够，而请我资助学费的人；还有正在搞发明，要我在发明成功之前给予援助的人；甚至还有打算做生意让我来投资的人。类似的信件我每月都能收到几十封。因为信上署了我的名字，我个人觉得我有义务一一过目，所以这些信我都会浏览一遍，只是可能无法一一回信拒绝。

还有一些亲自上门提出各种需求的，虽然我都会与他们见面，但对于他们不合理的请求或希望，我都会当面指出其不合理之处，并且予以回绝。也许有的人觉得我完全没有必要去看每一封信、接见每一个人，可如果不见这些人、不读这些信，就违背了我自己的理念。所以即使明知这样会增加我的工作量，使我没有空闲，我还是不能怕麻烦。

不管是陌生人的请求，还是熟人的委托，只要是合情合理的，我都会尽力满足。一是为了这个人，二是能够为国家和社会作一点贡献。只要觉得道理上说得通，我就会主动去帮忙。当然，事后想起来，这当中肯定有的人不好，当时事情处理得不对，但是要知道，世上没有永远的恶人，也没有永远的善人，所以不用那么憎恨恶人，反而应当尽量把他们往善的方向引。因此，有时我即使知道对方是恶人，也会尽量帮助他。

习惯的力量

所谓习惯，就是人通过不断重复日常的行为举止而形成的一种固有的特性。它对人的内心和行为都有很大的影响。坏习惯多了会使人越来越恶，好习惯多了会使人越来越善，最终关系到一个人的人格。因此，无论是谁，养成良好的习惯是一件人生大事。

而且，一个人的习惯不单单与个人有关，它还会影响身边的人。天性使然，人往往有模仿他人的习惯，可这种影响力并不限于好习惯，也包括坏习惯，所以我们要格外警惕。例如，在言行举止方面，甲的习惯影响了乙，乙又会影响丙，这样的例子不在少数。举一个最明显的例子：最近报纸上经常出现各种新词汇，甲报刚刚登出一个新的名词，乙报和丙报就紧跟着用上，然后大家都会学着用，迅速将它变成一个流行语。比如"时髦""暴发户"，这样的词汇就是典型的证明。

妇女和儿童的用语也存在这样的情形，例如，近来在女学生们中很流行的"好了啦""是吗"等口头禅，可以说就是某种习惯的传播。又如"实业"这个词原本是没有的，可今天也已经成了习惯用语，一提到它，人们马上就会想到工商业。"壮士"这个词，字面意思是壮年人，可今天也有把老年人称为壮士的，大家也都见怪不怪了。由此，大家就能看出习惯的影响力和传播力到底有多强了，所以我们一定要注意养成良好的习惯。

要培养良好的习惯，青少年时期是最重要的阶段。一个人小时候的记忆，即使到了老年也会留在脑海之中。就我个人而言，到现在都能清晰地回想起少年时的好多事。无论是经典还是历史，少年时期读过的书都是记得最清楚的，近几年来读的书反而是过目就忘。

习惯也是一样，少年时代是最为关键的时期，一旦在这个时期养成了某种习惯,终生都难以改变。不止如此,幼儿到青年时期也是最容易养成习惯的阶段,所以一定不能让这一段光阴虚耗,要努力养成良好的习惯,让它成为自己一生的财富。

我曾在少年时代离家出走,四处漂泊,养成了比较放纵的习惯,以至于后来很难改掉,为此我苦恼不已。时至今日,我还在努力克制这些坏习惯,好在我意志还算坚定,大部分都已经改掉了。知恶而不改,是克己心不足。根据我的经验,即使人到了老年,也还是需要注意保持好习惯的。年轻时养成的坏习惯,只要下定决心改正,即使到了老年也一样能改过来。在今天这样一个日新月异的时代,尤其需要具备这种精神。

习惯都是在不知不觉中形成的,所以并不是绝对不可改变的。就像一个爱睡懒觉的人,平常无论如何都不能早起,可一旦遇到战争或危险,相信他也一定能早起。那么,坏习惯是怎么形成的呢?主要是人们平时轻视习惯,认为只是小事一桩,不值得注意,这样无意间坏习惯就形成了。所以,不论男女老幼,都应当留心养成良好的习惯。

伟人和完人

史籍所载的英雄豪杰,很多在智、情、意三者之间失去了平衡——有的意志力十分坚强,智慧和知识却很匮乏;有的意志力和智慧兼备,却没有情意——此类例子在他们当中可说比比皆是。这样说来,不管是英雄也好,豪杰也罢,都不具备常识。的确，可能从某一方面来说，他们非常伟大，超凡出众，为普通人所不能及。但是，伟人和完人是两个不同的概念。

在人类应具备的一切品格中，伟人即使有缺陷，也有其他闪光点足以让人忽视它们。与完人相比，伟人可以说是"非正常人"。完人是智、情、意三方面都圆满的人，即具备了常识的人。我当然希望社会能伟人辈出，但是对于大多数人而言，我更希望他们能成为完人。换言之，我希望懂得常识的人越多越好。

伟人的作用并不是无限的，但完人不管有多少，都是社会所必需的。在当今这个制度完备、健康发达的社会，只有大量具备常识的人辛勤劳动，才能更好地推动社会发展。反观伟人，除某种特定的情况外，其他时候就没有什么作用可言了。

一般来说，人在青年时期性格不稳定，好奇心强，行事往往出人意表；但随着年龄的增长，会变得越来越沉稳。其实常识本质上非常普通，要让人在离经叛道的青年时代去学习不起眼的常识，这有悖于年轻人的心理特点。若告诉他们希望他们成为伟人，多数人会非常乐意；可是要让他们成为完人，对于他们来说却痛苦万分，这是年轻人的通病。

不过，理想的政治生态需要国民的常识，产业的发展进步有赖于实业家的常识。所以，不管你愿不愿意，都要修习常识。更何况从社会实际情况来看，无论是政界还是商界，相比学识渊博的人，反而是具备常识的人占据了支配地位。这样说来，常识的重要性不言而喻。

事与愿违的故事

世间经常能见到这样一种奇怪的现象：冷酷无情、毫无诚意、行为离奇古怪的人反而受到信任，戴上成功的桂冠；老实认真、赤诚待人的人——所谓合乎忠恕之道的人——却被世人冷落。难道真是上天连是非黑白都分不清了吗？这的确是个值得研究的有趣问题。

判断人行为的善恶，必须将他的动机和行为两方面结合起来看。不管一个人的动机如何诚恳，如何合乎忠恕之道，只要行为拖沓或是乖张离谱，就必然一事无成。即使动机是想为他人做好事，但行为上却伤害了别人，也不能称之为善行。以前的小学课本里有一篇课文名叫《事与愿违的故事》，说是有个孩子看到正在孵化的小鸡，被困在蛋壳里出不来，他为了帮助小鸡尽快挣脱蛋壳，就把蛋壳打碎了，没想到最后小鸡却死了。

《孟子》中也有许多类似的例子，具体内容我记不清了，大概就是打着为别人好的旗号而破门闯入别人家里，这别人能容忍吗？又如，梁惠王问政于孟子时，孟子说："庖有肥肉，厩有肥马，民有饥色，野有饿莩，此率兽而食人也。"（出自《孟子·梁惠王上》）意在告诫君王暴政杀人与拿刀杀人无异。

此外，孟子与告子讨论不动心的时候说："不得于心，勿求于气，可；不得于言，勿求于心，不可。夫志，气之帅也；气，体之充也。夫志至焉，气次焉。故曰：'持其志，无暴其气。'"（出自《孟子·公孙丑上》）这是说，志是心之本，气是心所表现出来的行为结果。志虽善，合乎忠恕之道，但人往往会一时糊涂，做出违背初衷的事。所以，人要保持本心，不损害所表现出来的气。也就是说，用志来抑制自己的心不做错事，练习这种定心术是很有必要的。

孟子说："吾善养吾浩然之气。"普通人往往做不到这一点。孟子曾用拔苗助长的例子痛斥告子："宋人有悯其苗之不长而揠之者，芒芒然归，谓其人曰：'今日病矣！予助苗长矣！'其子趋而往视之，苗则槁矣。"（出自《孟子·公孙丑上》）意思就是，想让禾苗生长，应通过浇水、施肥、除草这些方法来实现，而不能用把苗拔高这种愚蠢的办法。且不说孟子的定心术是否正确，世间拔苗助长的事可着实不少。拔苗助长的初衷是好的，行为却是恶的。这件事往深处说就是无论你的动机如何好、如何合乎忠恕之道，只要行为与之相背离，就很难得到世人的信任。

相反，一个人的动机不纯，可行为还算正当，足以让人信赖，那也有可能获得成功。动机是行为之源，因此，严格来讲，动机不纯行为却正当这种情况是不存在的。在现实社会中，行为的善恶可能比动机的善恶更重要，因为相较而言，前者似乎更容易辨别。因此，行善往往能得到社会的信赖。比如，德川吉宗将军巡视时，奖励了一个背着母亲来瞻仰自己的孝子。有个无赖听说了这件事，为了获得奖励，就借了别人家的老人背出来，吉宗公也给了他奖励。旁人对此提出了异议，说这个人是假装孝顺，吉宗公却说："不，就算他是模仿别人也是可以的。"

孟子曾说："西子蒙不洁，则人皆掩鼻而过之。"（出自《孟子·离娄韵下》）即使是倾国倾城的美人，身上沾染上污秽恶臭的东西,也一样没有人愿意接近她。相反,一个内心狠毒、阴险狡诈的女人,如果表面上一副温柔体贴、楚楚动人的姿态,一样能倾倒众生。这是人之常情。所以,与动机的善恶相比,行为的好坏更容易识别。这也是善于卖乖取巧的人比老实人更容易得到他人信任,并且更容易成功的原因。

何谓真才真智

人活于世,最要紧的是不断增长自己的知识。无论是发展自身,还是为国尽力,没有知识,一切都将无从谈起。但是,除了知识还必须培养高尚的人格。人格这个词的定义很清楚,那些没有常识的英雄豪杰们人格上也有闪光点。但我依旧认为人要想有所作为,无论在公在私都需要有真才真智,也就是有常识。

获取常识首先要认清自己的处境。常言道"人贵有自知之明",这样的说法也许不太恰当,但我不了解西方的格言,所以喜欢引用东方的经典。《论语》中就有诸多大大小小的例子,可见即使是大圣人孔子,也要学习如何适应自己所处的环境。

而当其他人认不清自己的处境时,孔子也会提醒。如《论语》中孔子问子路:"道不行,乘桴浮于海,从我者,其由与!"(出自《论语·公冶长》)子路听了这句话很高兴,这大概是因为孔子在伤心低落时还能想到自己。孔子大概也是欣慰的,但看到子路过于高兴,并不清楚孔子的境遇时,反而告诫他说:"由也好勇过我,无所取材。"(出自《论语·公冶长》)如果子路真的理解孔子当时的境遇，在孔子说要乘船出海时就会问："我一定会跟您去的，我们需要准备什么东西呢？"这样一来，孔子就会认为子路理解了自己的意思，可能就会回答他是到朝鲜去，还是到日本去。

还有一次，孔子询问弟子们各自的志向，子路第一个站出来说，如果让他去治理国家，很快就能天下太平。孔子听后只是微微一笑。接着其他弟子也都一一陈述了自己的志向，只剩一个叫曾点的学生没回答。当时曾点正在弹琴，孔子问他的志向是什么，刚开始他只说与其他人的都不相同，在孔子的鼓励下，他才说："莫春者，春服既成，冠者五六人，童子六七人，浴乎沂，风乎舞雩，咏而归。"（出自《论语·先进》）听完他的陈述，孔子表示非常赞同。弟子们走后，曾点问孔子："夫子何哂由也？"孔子说："为国以礼，其言不让，是故哂之。"大约孔子认为治理国家最重要的是重视礼仪，而子路却不知道谦让，所以才一笑置之。

不过孔子自己也说过自负的话。例如，桓魋要杀孔子的时候，他的弟子们都很害怕，孔子却说："天生德于予，桓魋其如予何？"（出自《论语·述而》）可以看出，孔子能坦然面对自身境遇。还有一次，孔子在从宋国回来的路上遭人围攻，险些丧命。他的弟子们都很担心，孔子却说："天之将丧斯文也，后死者不得与于斯文也；天之未丧斯文也，匡人其如予何？"（出自《论语·子罕》）孔子泰然自若，丝毫不担心自己的安危。

有人对孔子"入太庙，每事问"感到奇怪，孔子回答说："是礼也。"（出自《论语·八佾》）只有认清自己的境遇和地位，才能正确灵活地运用已掌握的道理。这就是孔子成为圣人的修炼法则。由此可见，就算是孔子这样的圣人也必须审时度势，量力而行。我们没法成为孔子那样的圣人，但如果能清醒地认识到自己的境遇和地位，总能比普通人好一些。然而在实际生活中，我们往往与此背道而驰，稍有成绩就沾沾自喜、得意忘形；稍遇挫折就灰心丧气、畏缩不前。可见，胜骄败馁是凡人庸夫的通病。

动机与结果

我很讨厌心性不良却极有才能的人。即便他手腕再高明，如果待人不诚，我也羞于与其为伍。不过，我们不是神，很难彻底看透一个人的心性。理所当然地，人们常被那些动机不良却手腕高明的人利用。王阳明说"知行合一""良知良能"——只要心有所想，定会在行为中有所体现：动机善，行为也就善；行为恶，动机也必恶。不过，在我这种门外汉看来，动机善，行为也可能恶；而行为善，动机也未必善。

我对西方的伦理学和哲学一窍不通，只是用四书及宋儒的学说来探讨人性和处世之道。令我意外的是，我的上述观点竟然和德国包尔生的伦理学说不谋而合。包尔生说："英国的伦理学家缪尔黑德认为，只要人的动机是好的，就算结果恶也不要紧，比如克伦威尔为了拯救英国的危机，杀掉昏君，自己做了皇帝，在伦理学上不能算作坏事。"

现在包尔生的学说被视作真理并大受欢迎，它强调必须要仔细分析行为与动机的程度和性质。例如，同是为国作战，有的是为了扩张领土而战，而有的则是为了国家存亡而不得不战。作为当权者，纵然是为国家、为国民计，如果没有扩张领土的必要却在错误的时机开战，那他的行为对于国家而言就是恶的。按包尔生的理论，克伦威尔弑君称帝这件事，由于挽救了国家的危机，所以他的行为是善的；否则，就算他有满腔救国的理想，结果却危害了国家，那他的行为也是恶的。

我不知道包尔生的学说是否是真理，但是同缪尔黑德"动机善则行为必定善"的说法相比，包尔生将动机和行为分析比较后来确定善恶的学说更加令人信服。

我经常把见客人、回答他们的问题作为自己的义务，但主动认真去做和受人之托无奈去做，心理感受大不相同。此外，有时即使动机相同，由于时间、地点等因素的影响，也会导致结果大相径庭，这样的事也很常见。就好比土地有肥沃和贫瘠之分，气候有炎热与寒冷之别，人的思想感情也各不相同。所以，就算动机相同，其结果也会因人而异。总之，要判断一个人行为的善恶，一定要仔细分析他的动机和行为可能带来的后果。

人生在于努力

我如今（大正二年、1913年）已经是74岁的老人了，这几年我尽力避开一些杂务，但还是没办法让自己闲下来，还在照顾着自己创办的银行。人即使老了，也还是需要多活动。任何人，不分男女老少,如果没有上进心,就很难有所成就,国家也会因有了这样一群不求上进的国民而难以有所发展。我自认为是个勤奋的人,每天工作都兢兢业业,从不怠慢。我每天坚持7点钟以前起床,尽量接待来访的客人,不论人数多少,只要时间允许,我都一一会面。

像我这样一个年过古稀的老人都能做到,年轻人就更应该勤奋上进了。懒惰终究是懒惰,到头来绝不会得到什么好结果。比如坐着干活要比站着干活舒服,而躺着似乎又要比坐着舒服。可坐久了,人会膝盖疼,躺久了还会腰酸背痛。懒惰的结果还是懒惰,而且会让人越来越懒。因此,我奉劝大家一定要养成勤奋的好习惯。

世人常说要提高智力,要学会审时度势,这的确很有必要。想要学会审时度势,建功立业,就要先研习学问,提高智力。但无论学识多么丰富,如果不会灵活运用,最终还是毫无用处。所以,想要发挥知识的力量,必须要学会实践,不然再多的知识也是死的。同时,这种活学活用也不能是一时的,必须是一种能力,终生利用。

大凡进取心很强的国家,国力也强盛;反之,越是懒惰的国家,国力越衰弱。一人上进,就会影响周围的人也上进,从而形成良好的风气;一个地方上进,就会影响一片区域,从而使一个国家形成好风气;一个国家上进,全世界都会争相效仿。所以,每个人都要谨记,我们不单单是为了个人而追求上进,更是为了一片区域,甚至一个国家,乃至全世界。

知识是一个成功者必备的。不过,如果认为光靠学问和知识就能获得成功,那就大错特错了。《论语》中有个例子,子路说:"有民人焉,有社稷焉,何必读书,然后为学?"(出自《论语·先进》)孔子回答道:"是故恶夫佞者。"两人说的都有道理。子路说只有耍嘴皮子功夫,不落实到实践中是不行的,而孔子则说讨厌狡辩之人。对于子路的话,我深表赞同,学问绝不限于坐在桌前读书。

总而言之,学习是应当坚持一生的事。就拿医生和病人的关系来说,有些人平常不注意卫生,一旦生病就跑去找医生。医生的职责是救死扶伤,可如果认为医生任何时候都能把你治好,那就大错特错了。医生一定会告诫病人,要注意卫生。因此,我希望大家要不断学习、进步,同时平日里也要多留意周围的事物。

明辨是非之道

一般能够明辨是非曲直和正邪善恶的人,遇到事情时都能做出符合常识的判断。"要这样做""不要那样做"就是他们的口头禅。但有时也会出现令他们难以做出判断的情形。比如,被别人的花言巧语打动,不知不觉陷入与自己的信仰相悖的主张中,从而失去了自我。这时就需要保持冷静的头脑,坚定自己的立场和信仰,锻炼自己的意志力。

遇到这种情况,要先把对方的话自问自答一番,再用常识来判断——听了他人的话可能会暂时获利,但日后将招来麻烦;或是这样处理这件事,暂时会不利,但将来可能会获益匪浅——如此思考过后，就能有一个清醒的认识。面对事情能够像这样反复推敲，就不会轻易偏离本心，不偏离本心就能近正辟邪。我觉得这也是锻炼人意志的好方法。

简单来说，锻炼意志可分为善、恶两方面。比如石川五右卫门（16世纪的大盗）便是锻炼了坏的意志，所以做坏事时毫不犹豫。锻炼意志是必要的，锻炼坏的意志就没必要了。关于这点我不想长篇大论，但如果锻炼方法偏离常识，搞不好就会成为第二第三个石川五右卫门。所以，锻炼意志之前，很有必要先用常识进行判断。只有这样，在今后的为人处世方面才不会出现太大的差错。

如此说来，常识在意志的锻炼中非常必要。关于如何培养常识，前文已经详细做过论述，这里就不再一一列举。简言之，还是要从孝悌忠信的思想出发，恪守忠孝，坚定意志，遇事不慌不乱，经过深思熟虑做出判断就是锻炼意志的最好方式。但一些突发事件或者不速之客，往往不会给我们足够的时间去深思熟虑，需要我们在短时间内做出适当的回应。如果平时不注意意志的锻炼，这时就很难做出明智的决定。我们必须平时反复锻炼，使其变成习惯，才能真正做到泰山崩于前而色不变。

第四章

——仁义与富贵——

我们必须珍视并善于利用金钱。事实上,金钱既可贵又可卑,它是否能成为可贵之物,完全取决于所有者的人格高贵与否。

正确的生财之道

我们应当怎样看待实业呢？社会中的工业、商业等自然都以赢利为目的，如果工商业没有增加财富的功能，那它的存在就没有任何价值，也不会带来公共利益。不过话说回来，工商业者如果一味追求自身利益，不管他人的死活，结果又将如何呢？这很难说得清楚，但如果真出现这种情况，恐怕孟子说的"何必曰利？亦有仁义而已矣""上下交征利而国危矣""苟为后义而先利，不夺不餍"等就会应验。

我认为，真正的生财之道如果不以仁义道德为基础，是绝对无法长久的。当然，这种想法走得太远，就会让人轻利益、去人欲、超然世外。坚持这种想法，矫正社会风气自然是好的，但以自身利益为出发点的才是普通人。而一旦没有了仁义道德的支撑，社会必将不断衰退。

接下来要说的就涉及学术方面了。早在1000多年前的宋代，学者们就宣扬仁义道德，但他们没有提出进一步的强国措施，仅仅局限于空谈。不汲汲于利欲当然好，但做得太过也会使人丧失奋斗的动力，结果导致宋代末年战乱不断，最终被元取代。空谈仁义会损伤国家元气，阻碍物质生产力的进步，最终导致国家走向灭亡。所以说，仁义道德也要运用得法，追求利益和仁义道德要相互协调，只有这样国家才能健康发展，个人才能安居乐业，走向富裕。

我们以石油、面粉制造或人造肥料等行业为例，如果没有追求利益的观念，一切听之任之，那这些事业也不会有大的发展，财富也不会有所增加。如果一项工作与自己没有利害关系，所有人都受益自己却谋不到利，或所有人都受损自己却不会受损，那这项事业肯定是不会有所发展的。

如果人人都不了解世间大势，不关注周围情况，觉得只要自己好什么都无所谓，结果会怎样？大家都乐于损人利己，结局必然是自己也陷入悲惨的境遇。也许在过去落后的年代，有人能侥幸逃过一劫；但随着社会的进步，一切事务都要按规矩来，如果每个人遇事都先想着自己，那社会就要乱套了。举个例子，在火车站检票口，如果大家都想先过去，那么狭窄的通道就只能被堵塞，导致谁都过不去。这个例子告诉我们，人如果只考虑自己的利益，最终反而无法获益。

我所希望的是，人都要有追求利益的想法，但追求利益必须要符合仁义道德。如果道义不和利益相结合，就会流于空谈，开始衰落；如果欲望违背了道义，就会导致"不夺不餍"的可悲结果。

金钱的效用在于人

关于金钱的宝贵，自古以来有不少相关的格言警句。有首诗中说："世人结交以黄金，黄金不多交不深。"黄金被看成是支配友情的一种力量。但东方国家自古以来都是重精神、轻物质的。友情被黄金所左右，这在世人看来是人心的一种堕落，让人寒心。实际上我们日常生活中经常遇到这样的问题。比如开联谊会聚餐，这个过程能增进友谊；又如久别重逢的老友，要是不用酒菜招待，似乎很难畅所欲言；而这些都离不开金钱。

俗话说，"佛靠金装"，投十钱就有十钱的光彩，投二十钱就有二十钱的光彩，这账是算得明明白白的。还有"有钱能使鬼推磨"，虽然听起来很讽刺，但也说明了金钱的作用之大。比如买火车票去往东京，无论你多么有钱，买了三等票就只能坐三等座；同样的，哪怕你再穷，只要你买了一等票就可以坐一等座；这就是金钱的效用。总之，金钱的巨大作用是我们所不能忽视的。花再多的钱也不能让辣椒变成甜的，却可以用无限多的糖来掩盖辣味。很多平日里尖酸刻薄的人，只要一见到钱，立马就能换成一副笑容可掬的模样。这样的例子不足为怪，在政界也是屡见不鲜。

这样说来，金钱的力量还真是巨大。不过金钱本身没有善恶之分，用得好不好，完全取决于用它的人，所以对于人是否应该有钱，不能妄下结论。金钱本身不会辨别善恶，好人拥有了它，它就变善；坏人拥有了它，它就变恶。我经常向人讲起昭宪皇太后所作的诗歌："人心不同各如面，金钱是福又是祸。"这实在是至理名言。

然而，普通人有了钱大多会滥用，所以古人说"匹夫无罪，怀璧其罪""君子财多损其德，小人财多增其过"等，为的就是告诫世人要善用金钱。《论语》中也有论及金钱的句子，"不义而富且贵，于我如浮云""富而可求也，虽执鞭之士，吾亦为之"。《大学》里也说："德者本也，财者末也。"

这样的警句数不胜数,但它们绝没有轻视金钱的意思,只是想告诫世人:为人处世,要想成为一个真正的人,就要对金钱有清醒的认识。过分重视或轻视金钱都是不对的。孔子说:"邦有道,贫且贱焉,耻也;邦无道,富且贵焉,耻也。"这绝不是在鼓励贫穷,只是强调"不以其道得之,不处也"。

孔夫子的财富观

一直以来,儒生们对孔子的教义都有误解,最为突出的就是对他的富贵观的误解。在他们看来,《论语》中的"仁义王道"与"货殖富贵"是水火不相容的。他们认为孔子的意思是,富贵者无仁义王道之心,想要成为仁者就必须舍弃富贵的念头,但我查遍《论语》20篇,没有一处这样说。相反,孔子对理财、生财都做过侧面的论述,只不过由于没有人深入解析,儒生们便断章取义,以至于谬误流传,贻害后世。

举个例子,《论语》中说:"富与贵,是人之所欲也,不以其道得之,不处也。贫与贱,是人之所恶也,不以其道得之,不去也。"这句话看上去好似在轻贱富贵,其实仔细思考一下就会发现,孔子绝没有轻视富贵的意思,只是在教导人们不要沉迷于富贵。如果仅凭这一点就认为孔子厌恶富贵的话,那就太荒谬了。孔子的意思是,不符合道义的富贵还不如安于贫困,正当手段得来的富贵是无妨的,根本谈不上轻贱富贵而崇尚贫贱,想要对这句话做出正确的解释,那必须要注意"不以其道得之"这句话。

还有一个例子也是出自《论语》:"富而可求也,虽执鞭之士,吾亦为之。如不可求,从吾所好。"这句话也经常被人解释为孔子视富贵如粪土,其实这句话也丝毫没有轻视富贵的意思。"富而可求也,虽执鞭之士,吾亦为之"的意思是:只要获得财富的方法正当,即使是给人牵马这种卑贱的活儿,我也愿意去做。下半句"如不可求,从吾所好"是说,如果不能用正当的方式获取财富,我宁可安于贫贱。所以孔子劝人不要不义而富,但绝不是要世人甘于贫贱。

这上下两句的意思,简言之,就是如果能用正当手段谋求富贵,给人执鞭坠镫也无妨;如果用不正当手段的话,不如安于贫贱。孔子为了致富,甚至可以去做执鞭的马夫,想必世间的道学先生们对此会目瞪口呆,大吃一惊。但事实就是事实,这话是孔子亲口所说,毋庸置疑。当然,孔子所求的富是指正当的富,对于不义之财则是"于我如浮云"。可惜儒生们曲解了孔子的意思,说到富贵功名,一概嗤之以鼻。这样的解读简直荒谬。要知道,合乎正道的富贵功名,孔子也是会积极争取的。

扶贫的第一要义

我原本一直认为,扶贫事业从人道主义的立场出发,不如从经济的角度出发。到今天,我认为扶贫事业应当上升到政治的层面来解决。

前几年,我有一位朋友出国考察欧洲救助贫民的方法,一年半以后才返回日本。他之所以能成行，我也多少出了一点力。因此他一回到国内，我就召集了一些志趣相投的朋友聚会，并请他在席上做了个演讲。据他说，英国在扶贫方面花费了300多年时间才稍见成效，只有丹麦做得比英国好一些，其他如法、德、美等国都在花大力气解决贫民问题。对海外的情况越了解，越觉得他们做的都是很久以前我们在做的事情。

在会上，我也向到场的朋友们阐述了自己的观点。我说："无论是出于人道主义还是从经济层面出发，救济弱者都是必须要做的。而且从政治的层面上来说，也不应该忽视对弱者的保护。但是，救助并不意味着让人们游手好闲，必须要讲究方法。减轻与底层民众有直接利害关系的租税就是很好的办法，比如解除食盐专卖就是很好的例子。"这次集会由中央慈善协会主办，参会会员都表示理解我所说的话，现在大家都在研究具体的方案，同时从各个方面展开了调查。

无论积累个人财富的过程多么辛苦，但如果仅把这些财富当作一人专有，那也是大错特错的。因为人只靠自己是做不成任何事的，有了国家、社会的帮助，个人才能获利，才能安居乐业。如果没有国家、社会，个人再有能力也无法尽展所长。从这个角度来看，一个人的财富越多，意味着他受国家的恩惠越多。为了报答社会，扶贫济困可以说是他们的义务，他们应当尽可能地为社会做一些事情。"己欲立而立人，己欲达而达人"，人有多珍爱自己，就应当以怎样的爱心来回报社会。世间的富豪们都应该明白这一点。

今年秋天，陛下洪恩浩荡，特意下旨给贫苦人民发救济慰问金。面对陛下如此恩典，想必富豪们也会想着做点什么来酬谢圣恩，哪怕只能回报万分之一也好。我 30 年来念念不忘的夙愿如今终于有机会实现了，在听到圣旨的那一刻，我顿感日本扶贫事业的前途一片光明，喜悦之情无以言表。

现在唯一让人担心的就是救济的方法。方法适当自然最好，那种让乞丐骤然暴富的方法却万万不可取，否则慈善就不是慈善，救济也不是救济了。此外，为讨好圣心，有的富豪沽名钓誉地投资慈善事业。这类表面慈善实则缺乏诚心的行为，恐怕反而会制造出许多恶人。总之，为了感谢陛下的洪恩，富豪们应该把回报社会作为一种义务，同时，这也是在为维持社会秩序、确保国家安宁作贡献。

金钱无罪

陶渊明曾在诗中说："盛年不重来，一日难再晨。"朱熹也有警句："少年易老学难成，一寸光阴不可轻。"这些话都是在告诫我们，青年时光转瞬即逝，一定要珍惜，不可沉溺于空想和诱惑。

如今我也经常感慨青年时代真是过得太快了，以前总以为将来还有很久，却不料光阴如箭一般再也不回头，现在后悔也来不及了。青年朋友们要引以为戒，不要重蹈我们老一辈的覆辙。青年人是否勤奋决定了国家是否能兴旺发达，因此凡是想有所成就的人，都必须在青年时代下定决心。

说到下定决心，有很多地方需要我们注意，尤其是金钱方面。现在社会的组织关系越来越复杂，过去就有"无恒产者无恒心"一说，因此，要想有一番作为，就必须对金钱有足够的认识，否则会很容易迷失。

金钱是贵重之物，但同时也是卑贱之物。说它贵重，只因它是劳动的结晶，被所有人承认，物品的价格也只能用金钱来衡量。这里所说的金钱并不仅仅指金银、纸币，因所有的财物都可以用金钱来衡量，所以金钱也可以说是财产的代称。自古以来，东洋一带鄙视金钱已然成为风气，认为金钱是君子应远离、小人应畏惧的东西。古人本是为了矫正世人贪得无厌的坏毛病，结果却走向了极端。这一点，一定要引起青年人的重视。

以我平生的经验来看，《论语》与算盘应该是一致的。孔子在传授道德的过程中，对经济也相当关注。这一点在《论语》中屡有体现，尤其是《大学》，更是讲述了生财的大道。一方面，治理国家需要行政费用，普通老百姓的衣食住行也都离不开金钱；另一方面，治国救民又离不开道德，因此必须调和经济和道德之间的关系。我虽是一名实业家，但为了能把经济和道德联系起来、协调一致，也经常向大家宣传将《论语》和算盘结合的重要性，希望能够引起世人的注意。

以前，不仅仅是在东方，西方也存在着鄙视金钱的风气。这是因为只要涉及经济，首先要考虑得失，有时难免会抛弃谦让和清廉的美德，普通人很容易因此走上歧路。为了引以为戒，有人提出了鄙视金钱的观念，久而久之，就形成了一种社会风气。

记得我曾在报纸上看到过亚里士多德的一句话："所有的商

业皆是罪恶。"当时我觉得这种说法很极端,但仔细一想,只要伴随利益得失,人就容易被利益诱惑,以致偏离正道,迷失方向,背离社会道德。为告诫世人而矫枉过正,才有了这么极端的言论。人性的弱点在于容易关注物质方面而忽略精神追求,而且越是思想幼稚、道德观念薄弱的人越容易陷于此弊病。以前的人因为知识少、缺乏道义,所以陷入罪恶的人很多。人们也因此认为金钱是万恶之源,久而久之便形成一股鄙弃金钱的风气。

当今社会,比之以往知识丰富了许多,思想感情高尚的人也变多了。换句话说,由于社会大众整体的素质提高了,因而对金钱的认识也有了相应的进步,用正当的手段获取财富,用善良的方式使用财富的人越来越多,人们对金钱也有了更正确而公正的认识。

但如前文所述,人性的弱点便是容易重物欲轻道义,严重的甚至会走向"金钱万能论",忘记精神修养,沦为金钱的奴隶。即使如此,责任也在于人,所以绝不能恐惧金钱,贬低其价值,走向亚里士多德式的另外一个极端。

所幸,随着社会的进步,人们对金钱的态度也越发端正,也越来越意识到要将利益和道德紧密联系。在欧美,"真正的财富应当通过正当的方式获取"的观念正逐步深入人心,希望日本的青年也时刻留心这一点,不陷于金钱之祸,努力使金钱以符合道义的方式发挥真正的价值。

滥用金钱的实例

一提到御用商人，几乎所有人都会嗤之以鼻，大家都觉得御用商人意味着某种罪恶。这个词充满了贬义。我们被这样称呼的时候，心里也是很不愉快的。

在一般人心目中，御用商人就是指利用金钱向当权者献媚、毫无诚信和廉洁品质的人。但据我所知，无论是海外还是国内，做这一行的，大多是有相当实力的人。他们懂道理，重情义，讲信用。这样有自信力和实力的人，应该是能够明辨是非的，在面对官员不正当的要求时，他们是不会轻易妥协的。

当然，由于害怕在经营上有什么麻烦，在正当的买卖之外，有极微小的越轨行为也不一定。但是，像最近发现的海军受贿事件这种罪大恶极的行为，如果不是双方臭味相投，绝不会一拍即合。即使一方行贿，如果另一方执意不接受，那行贿者终究无法成行。即使一些品行不良的官员委婉或露骨地索贿，身为御用商人的实业家如果真的重视荣誉和信用，就算牺牲这笔买卖也会坚决拒绝，绝不会助长这种歪风。我认为这才是一个商人应该做的。

但是，从海军受贿这件事来看，无论是军舰也好，军需品也好，凡是与军购有关的项目都发生了行贿受贿行为。不单单西门子一家公司，几乎所有的物品采购中都有行贿受贿行为。而且不只是海军，据说陆军方面也时有这样的事发生。更有甚者，采购回来的物品，价格昂贵质量却低劣，有些还是不合格品。为什么会出现这样的情况？这实在值得我们深思。《大学》中说："一人贪戾，一国作乱。"可见，如果任由贪污腐败的事蔓延，小小的个人行为便会持续发酵，最终导致整个社会一片混乱，这是非常可怕的。

以前我以为行贿这样的事只会发生在外国，日本是不会有的，结果连三井公司的人都因为涉嫌行贿而被捕，实在让人痛心之至。之所以会发生这样的事，我认为是割裂了仁义道德和经济利益的关系。如果每个人都把用正当的手段谋取利益作为信仰的话，外国人暂且不说，日本的实业家断然不会做出这样的不法行为。即使对方受贪欲之心的驱使，明里暗里索要报酬，若我们商人能够义正词严地加以拒绝，相信对方也会适可而止。

我深切地体会到，实业家的品格有待提升，如果实业界无法根除这种不正当的行为，那国家的安全也将岌岌可危。

确立义利合一的信念

社会中的事，有利必有弊。西方文明进入日本，一方面为日本的文化发展作了很大贡献，另一方面也带来了一些弊端。我们在引进新事物、享受它们带来的便利以及幸福的同时也为其流毒所害，这是不争的事实。各种新思潮已渗透我们的生活，这也是不争的事实，像幸德等抱有激进思想的人就是例子。

自古以来，日本从未有过这样极端的思想。既然日本要面向世界立国，那出现这种事也是不可避免的。但对于日本，这也是最让人害怕和讨厌的病毒。因此，我们有责任和义务找到解决这一问题的对策。我认为有两种办法可行：一是研究病症的性质和原因，然后投之以适当的药方；二是尽可能地使身体的各个器官强健，即使遭到病毒感染也能产生抗体进行自我治疗。

对于我们来说，应当选择哪一种呢？作为实业界的人，研究病源病理、对症下药不是我们的强项。我们应做的是开创一条国民的养生之道，只要国民有了强健的体魄，就算再厉害的病毒，也不能动我们一丝一毫。接下来我谈谈自己的想法，希望世人特别是实业界的各位多加考虑。

我一贯认为，正是由于过去没能使财富与道德充分结合，才有了"为仁不富，为富不仁""就利远仁，据义失利"那样富与利水火不相容的局面。好像重利就会轻仁，重义就会失利，这其实是极不合理的，这种解释走向极端就是使从事商业的人完全不顾仁义道德和责任。这一点多年来一直令我痛心不已。我多次说过，罪责在于后世学者，只要通读过四书的人就知道，孔孟之学的要义在于"义利合一"。

但后世儒生以讹传讹，曲解了这一理念。宋代大儒朱熹在《孟子序说》中说："外边用计用数，假饶立得功业，只是人欲之私，与圣贤作处，天地悬隔。"这很明显是在鄙视金钱与功名，与亚里士多德的"所有的商业皆是罪恶"如出一辙。换个角度解释，就是仁义道德是神仙要做的事，从事经济生产的人可以无视仁义道德。其实这样的解释完全不符合孔孟学说的精髓，不过是后世一些儒生捏造的妄言。但是，日本自元和、宽永年间就盛行这一学说，甚至到了一提到学问，人人都会想到此的地步。这样的学说至今仍在日本流传！

误解孔孟的教义带来的后果就是，投身于实业的商人们都变成了利己主义者。在他们心里，既没有仁义，也没有道德，甚至于他们会尽一切可能钻法律的空子来获取利润。所以现在很多实业家只顾自己不顾他人，如果没有社会和法律的制裁，他们甚至敢直接从别人口袋里抢。长此以往，贫富差距必将越来越大，社会也将堕入黑暗的深渊。这正是曲解孔孟学说的学者们几百年来荼毒人们思想带来的恶果。

总之，随着社会的进步，实业界的生存竞争必然会越来越激烈。但是，在这种情况下，如果实业家只顾自己牟私利，不管他人和社会如何，那社会将变得越来越不健康，各种危险的思想也必然会滋生蔓延。真到了那一步，将由谁来承担这个责任呢？当然是实业家自己。因此，为了社会的正常发展，必须矫正这种歪风邪气。我们的责任就是以仁义道德为本，推动经济的进步，确定义利合一的信念，而当务之急就是从根本上扫清人们对义利合一的怀疑。

富豪在道德上的义务

说我老年人不甘寂寞也好，说我老头子多管闲事也罢，到了这个岁数我仍然在为国家、社会奔波。经常有人到我家里找我商谈各种事情，他们当中有讲道理的，也有提各种无理要求的，比如求捐助的、请我投资做生意的、求我资助学费的……即使是这种人来了，我也会一一与之见面。

社会之大，贤士、伟人众多，如果因为怕坏人打扰而将他们拒之门外的话，不仅是对贤士的不礼貌，同时也是没尽到自己的社会责任。所以，无论是谁，我都会一视同仁地接见，并且带着足够的诚意，尽到应尽的礼数。当然，对无理的要求我必然会严词拒绝，对自己能帮忙的事情也会尽力去帮。

中国有句古话："周公三吐哺，沛公三梳发。"大政治家周公在吃饭的时候，如果有客人来访，他会吐出口中的食物出门相迎，等客人走后再接着吃饭。再有客人来访，他又是如此，以至于一顿饭前后吐了三次。沛公是指开辟汉室800年基业的汉高祖，他仰慕周公，广交贤能，早上梳头发时如果有客人来访，他就手握头发去见客人。三梳是指他为了接见客人，梳发前后三次中断。我当然不能和周公、沛公比肩，但在善待贤士方面，还是尽量向这二位学习。社会上很多人认为接见客人是件很麻烦的事，因而懒得去做。这种风气在所谓富豪和名流当中尤为盛行，但这样是无法履行对国家和社会在道德上的义务的。

前些日子，我见了一个刚刚大学毕业的富家子弟。他向我请教走向社会后应该注意些什么。我首先跟他说："你父亲可能会不喜欢我要说的话，并因此而怨恨我。"既而讲了下面这些话：

"现在的富豪大都只为自己考虑，对社会上的事漠不关心。但富豪们也不是只靠自己就能如此富有的，从某种意义上讲，是整个社会成就了他们。就比如说，有人拥有很多土地，但如果全是空地，他是没法赚到钱的。他可以靠出租地皮赚钱，向他支付租金的就是社会上的人。大家拼命工作赚钱，随着事业的发展，地皮越来越紧张，地价也随之上涨，这样地主才能赚到更多钱。这时地主们就应该清醒地认识到，自己之所以有钱，是得到了社会的恩赐，所以更应该积极投身社会慈善事业、公共事业。只有这样，社会才能健康发展，同时自己的资产也才能稳定。

"反之，如果富豪无视社会需求，认为只靠个人也能维护自己的财富，将公共事业、社会事业抛诸脑后，那就会演变成富豪与社会大众的冲突。社会大众对富豪的不满加深的时候，就会引发社会主义运动、工人罢工等，这种情况对大家都没有好处。所以，富豪们在创造财富的同时，绝不能忘了回馈社会和尽自己的义务。"

我说的这些话，可能会遭到富豪们的怨恨。事实上，我们虽然在按照上述的道理努力做，但更多的有钱人却在作壁上观。最近我曾向某个富豪说："你也要关心一下社会事务。"他的回答是："这么做太麻烦。"如果他们都是这种态度的话，只靠我们奔走呐喊是远远不够的。

目前，我们正在发起建设明治神宫外苑的计划——在代代木或青山一带建造一个大公园作为明治神宫的外苑，并配建纪念图书馆，将中兴日本帝国的明治先帝的遗德永传于后世。此外，我们还计划建造一些有教育意义的娱乐设施，预计费用在400万日元左右。我相信这是一件极有意义的事，但要筹措这笔钱并不容易。因此，我们必须得到岩崎财团和三井财团的支持，同时，也希望社会上的富豪们能站出来，为国家和社会作一点贡献，支持公共事业。

能挣会花

钱是现在世界上流通的各种货币的通称，同时又是各类物品的代表。货币的便利之处在于它可以和任何东西交换。太古时代实行的是物物交换，现在只要有货币就可以随心所欲地购买自己想要的东西。货币的可贵之处就在于它所代表的价值。因此，货币最重要的特质就是货币本身的实际价值必须与物品的价值相等。货币的实际价值一旦减少，物价就要上涨。

此外，货币便于分割。例如，一个价值 1 日元的茶碗，无法平均分给两个人，如果通过破坏它来达到这个目的，那它也就失去了原有的价值。但是货币可以，如果想要 1 日元的 1/10，就可以用 10 钱的银币。再者，货币能确定物品的价格。如果没有货币，就无法确定茶碗和烟灰缸价值的差别。比如，一个茶碗值 10 钱，而一个烟灰缸值 1 日元，这就表示茶碗的价格是烟灰缸的 1/10。正是有了货币，才能确定这两者的价格。

总之，我们必须珍视金钱。不仅是青年人，老人、壮年的人，男人、女人，所有人都要如此。如上所述，货币是物品的代表，我们必须像珍惜物品一样珍惜它。宋代的朱熹说："一粥一饭，当思来之不易；半丝半缕，恒念物力维艰。"一寸线头、半张纸片，甚至于一粒米都不能浪费。

关于这点，还有一段佳话。英格兰银行有一个很著名的人叫吉尔伯特，他年轻时到银行面试，面试结束后看到地上有一枚别针，就随手捡起来别在了衣襟上。面试官见此便叫住吉尔伯特，问他:"您刚才捡到什么了?"吉尔伯特面不改色地回答:"一根掉在地上的别针,我想它可能还有用,并且它就这样扔在地上也很危险,所以就捡了起来。"面试官对他的这一做法非常欣赏,又问了他一些别的问题,觉得他是一个有见地、有前途的年轻人,就录用了他。后来,他也真的成了一位大银行家。

总之,金钱是彰显社会力量的重要工具。珍惜它是应当的,在适当的场合利用它也是必须的。只有善于利用它,能挣会花,社会的经济才能活跃,才能发展。所有有为之士都应当认识到这一点。真正会理财的人,是既懂得赚钱之道,同时又会合理花钱的人。

所谓"会花"指的是善于利用金钱。手术刀在医生手里能够救人性命,在暴徒手里便是伤人的凶器;蜜糖是奉养老母亲的好东西,但在窃贼手里就是消除门轴转动声的帮凶。因此我们必须珍视并善于利用金钱。事实上,金钱既可贵又可卑,它是否能成为可贵之物,完全取决于所有者的人格高贵与否。

然而,社会上很多人往往曲解了可贵的意思,只知道一味地吝惜金钱,这就要多加注意了。我们杜绝浪费金钱,但同时也应避免吝啬。只知道赚钱,而不懂得花钱,最后就会变成一个守财奴。所以,青年朋友们要切记:既不要大手大脚地浪费金钱,也不能变成吝啬的守财奴。

第五章

——理想与迷信——

　　如果一个人使用不正当的手段谋求财富,那么他终将成为一个唯利是图、道德败坏的社会败类。

守诚信、筑未来

虽然对我们大家而言，打了败仗是令人痛心疾首的，可是如果在战争中倾尽一国之力来一决高下，并不符合所谓的王道。不过，纵观当今时局，我们根本没必要为这种情况担心忧虑。对于我们来说，日本的工商业朝着怎样的方向发展，才是最该考虑的。

恢复和平之后的实业界，也许会产生许多出乎我们意料的变化与发展，有可能我们认为会发展不良的却发展良好，而我们认为会发展很好的却发展不佳。总而言之，我们无法预测发展的方向。然而，我们在面对未来时，一定要怀有理想，就算会出现与我们所期望的不相符、并不那么美好的事情，我们也要努力坚持自己的信仰和主张。也就是说，我们在行事时需慎重，三思而后行，如此便能减少一些可以避免的错误，节约走歪路的时间。

除去战争这种突发性的事件，我认为只要人处在这个世上，就应该且有必要从道德出发去发展自己的兴趣和理想。其中所谓的商业道德，最为重要的便是诚信。如果连这所谓的商业道德——诚信——都无法坚持到底、做不到的话，那么我们实业界的基础就会松动。总之，在和平年代，我们这些身处实业界的人的责任更加沉重。或许，不仅仅是一个人的责任变得沉重，就连大家所从事的事业，都不知道将会是怎样的局面。

此外，还要对实业未来的发展做出合理的规划，然后以此为基准，逐步开展经济活动。"国民抱有充分的希望，活泼地工作"，这是一个美国人对日本的评语。不久前,他通过对日本的观察,得出了这一结论,认为日本人总能怀抱希望积极地工作。听了他的评论,我觉得很高兴。虽然我已经老了,可我从心底希望我的国家能一天比一天繁荣富强,希望百姓能安居乐业,幸福快乐。我想,这应该也是我们所有实业家的共同心愿吧!

何况,身处如今时局,想要预测未来到底会变得如何,我们必须要深思熟虑,根据自己所经营的事业,制定出适合自己发展的方针来。因此,我觉得我们必须做到上面所说的"诚信"二字。如果所有实业家都能做到这一点,相信不久的将来,不仅日本的财富会增加,就连国民的整体素质也会提升一个档次。当然,这不仅仅是对当前时局的感慨,更多的还是希望大家能从共同承担的工作出发,一起制定出适宜的方针。

工作需要兴趣

"兴趣是最好的老师",这句话与近来流行的"对于任何工作,我们都必须保持兴趣"异曲同工。类似的说法都阐明了兴趣对于工作及做事的重要性。那该如何理解"兴趣"呢?我不是学者,对此难以做出完美的解释,不过,我深切期盼所有人都能对自己的工作及所做的事感兴趣。

"兴趣"一词,既有理想、欲望的意思,也有爱好、喜欢(享受)的意思。仅从工作角度看,"兴趣"可以理解为认真履职,恪尽职守,也有我们理解的"例行公事"的意思。然而,我对此有不同的理解，倘若你对某件事情某种工作感兴趣，就会产生把这份工作与事情做好的满足感。也就是说，只有从自己的理想与兴趣出发对待工作，才叫"感兴趣"。

虽然我不清楚兴趣的确切定义到底是什么，但我觉得，不管是谁，对自己所从事的工作，必须要有兴趣。若社会中所有人都有自己的兴趣与爱好，并且是积极向上的，那么，大家就能发挥出自己应有的才能。我觉得只有那些带着兴趣去工作的人，看起来才会神采奕奕、激情洋溢，而且也只有这种工作态度才可以提高工作效率。若我们对自己的工作不感兴趣，只是单调地按照命令顺从地工作，那么生命就失去了意义，自己也会沦为受工作支配的空壳。

有本书提到养生法时说，人老了以后，若每天只是吃饭、睡觉，虽生命存在，但与行尸走肉别无二致。因此，我们即便老了，身体不灵活了，只要依旧能勤于思考人生，那就算是真正有意义的生命。

人是生命的存在，不只是肉体的存在。这个道理对于我们上了年纪的人而言，尤其重要。

有时候，我们会说有些人还活着，然而毫无生气的他们不过是些行尸走肉而已。若这种人越来越多，我觉得日本也会变得死气沉沉。现在社会中的很多人，甚至包括一些名人，其实也只是苟延残喘地活着而已。这个道理同样适用于我们处理日常事务——我们不能只将它看成一项工作，对它还应当保持足够的兴趣。如果我们对工作没有丝毫兴趣，那我们在工作中肯定也缺乏热情，显得无精打采，如同木偶一般。因此，做任何事情，兴趣都是必须的,就算不能事事如愿,至少会有和自己的理想相吻合的部分。

"知之者不如好之者,好之者不如乐之者。"(出自《论语·雍也》)孔子这句话说得好。在我看来,这才是兴趣的最高境界,这也是工作需要兴趣的意义。

传统道德该进化吗?

所谓的传统道德是否也会像物理学、化学那样逐渐进化呢?或者说,道德是否会伴随着文明的发展而进化呢?这种说法不好理解,但是就像我们之前说的,宗教信念是可以巩固道德的。从逻辑上说,宗教信念可以维持人的道德心,这样的解释能说明道德也是在不断进化的吗?

"道德"这个词出自中国古代唐虞之世所说的王道,因此,这个词的历史相当悠久。

进化现象不是生物所独有的,如果以达尔文的进化论为依据,古代的东西都是在不断进化的。那么,随着科学的发展、生物的进化,道德不断变更也是理所当然的。进化论是针对生物体而言的,如果我们不断进行研究、推论、考证就会发现,其实这不仅仅适用于生物体,非生物体也存在发展变化,与其说是变化,不如说是进步。

我们可以看《二十四孝》中的一个例子,一个叫王祥的人为了捕捉鲤鱼孝敬母亲,赤身裸体躺在冰面上,结果鲤鱼跃冰而出。这个故事或许只是胡诌的,真实性我们无从查证。即使真有其事,尽管其本意是想要尽孝,可如果在感动上天之前自己先被冻死了,反而与孝道背道而驰了。

还有一个故事,说的是一个叫郭巨的人,家里很穷,因为想省下粮食给父母吃,所以决定把孩子活埋。他在挖坑的时候,挖出了金子,他的孩子才幸免于难,从此一家人过上了好日子。这就是所谓的"孝道"。如果这件事发生在现在,大家一定会觉得这个人脑子有问题,竟然做这种蠢事。

《二十四孝》中的故事,因为多是虚构的,所以很难作为恰当的例子。但对于如何行善,随着时代的进步,世人的看法的确在发生变化。单从物质方面看,没有电力、没有蒸汽机的时代,与现在是不可同日而语的。如果道德也这样变化的话,那么过去人们所推崇的道德就有可能失去原有的价值,更有可能被推翻。然而不管物理、化学如何进步,不管是古代东方人的观念,还是西洋几千年前的学者、圣贤的学说,似乎都没怎么变。因而我认为,古代圣贤所说的道德,并没有像其他事物那样,随着科学的进步而发生变化。

应该摒弃这样的矛盾

法国有这么一句俗语:"强者总是有理的。"随着文明的进步,人们越来越重视道德,爱好和平,厌恶战争。也就是说,社会越进步,战争的代价也就越大。若是每个国家的当权者都能意识到

第五章　理想与迷信

这一点，那么趋向极端的战乱自然会减少，也一定会减少。

明治三十七年（1904），一个叫达勒姆的俄国人，编写了一本名为《战争与经济》的书。在书中，他阐述了自己的观点。在他看来，社会的进步会让战争变得更加残酷，战争的经费也会随之剧增，所以到最后，战争会消亡。不少人认为，当初俄国皇帝正是听信了他这番言论，才主张召开所谓的和平会议。

若各国真能认识到战争带来的恶劣后果，那么前不久的欧洲大战便不会爆发了。大正三年（1914）7月底，各大报纸都在争相报道战况。那个时候，我正要外出旅行，一个朋友问我对时局变化的看法。我回答他说，原来我并不知情，看过报纸，我才知道战争已经爆发了。

记得3年前，美国的乔丹博士在"摩洛哥危机"发生时，专门给我发了一封电报，说由于听了美国著名财政专家摩根的忠告，战争停止了。乔丹博士向来倡导和平，所以才会与我联系。虽然我对他的观点并不是深信不疑，但我相信，随着社会的进步，人们会更加全面地思考问题。所以，战争是一定会越来越少的，这也是人心所向。

然而，就当今欧洲战况而言，就算知道得不是很详细，也一定可以猜出其悲惨结局。特别是德国的行径，几乎野蛮到人神共愤的地步，更是与文明背道而驰。究其根本原因，还是因为道德的标准没有通用于全世界，这才导致了战争的爆发。因此，每个国家都要清楚地意识到，想办法制定统一的道德标准，比将全部精力都放在捍卫国家安全方面更重要，唯有如此，"弱肉强食"的行为才能逐渐消失。

若是执政者和国民都能克制私欲,那么,如此残酷的战争也就不会发生了。如果只有一方总是忍让,反而会让另一方步步紧逼,战争最终难以避免。这其中既可能牵扯到种族关系,也可能牵扯到国界问题。一国对另一国进行势力扩张,另一国必定会奋起反抗,战争的爆发也就是必然的。总之,千万不要将自己的欲望强加于人,如果随心所欲、恃强凌弱,便一定会形成今日的局面。

文明的意义究竟是什么?我认为,如今世界文明的程度依然不够。我不免想到,日本今后将何去何从?作为国民的我们又应该有怎样的觉悟呢?如果万不得已,是否唯有战争才是解决所有问题的最终手段呢?除了奉行弱肉强食的主张以外,难道就没有其他办法了吗?

关于这个问题,我觉得所有人都要秉持"己所不欲,勿施于人"的观念,弘扬东方的美德,维护世界和平,增进各国友谊。至少要在不给别的国家添麻烦的前提下,谋求本国的发展之路。我相信,若坚持以本国国民利益为出发点,舍弃唯我独尊的想法,那么不要说在国内,即便是在全世界也能实现真正的王道。也唯有如此,今天的惨剧才能避免。

人生观的两面

若是一个人没有任何人生目标,只是糊里糊涂地活着,那他其实是白活了。可人生目标究竟是什么?怎样才能实现呢?这个

第五章　理想与迷信

答案恐怕就像人的相貌一样，因人而异。

或许有的人会认为，只需充分施展自己的才能，便可忠于君，孝于父母，救济社会。可光说不练是没用的，需要落实到具体行动中。要想梦想成真，必须依靠我们平日里所学的点滴，尽可能发挥自己的优势。

例如，学者一定要尽自己应尽的本分，宗教家应履行自己的职责，政客们则需明确自己的责任，而军人则当完成自己的使命。各行各业，各司其职，各显身手。人们这样做，与其说是为了自己，不如说是为了国家和社会。我们将这称为"以国家为主、个人为辅"的客观人生观。

相反，有些人只考虑自己的利益得失，对社会和其他人不闻不问。当然对于有这样想法的人，我们也无权指责，毕竟人是为自己而生的，我们凭什么要求别人为了社会和他人做出牺牲呢？考虑自己的利益并没有错，对于社会中的事务，其实也可以根据自己是否能获利来进行处理。

例如，借钱是为了自己，自己理所当然要承担还钱的义务；我们赖以生存的国家要维持，税收就不可缺少，所以每个公民都应有自觉缴税的意识。除此之外，像救济他人这种公共事业，因为是为社会和他人做事，和自己的利益不相关，所以就不去做；参与到社会中的事，总是先满足自己，然后才考虑社会和他人，做任何事都将自我主义坚持到底，我称这种观念为主观人生观。

现在，将上述二者进行比较，若人人都像后者那样，那我们的国家、社会就会变得自私、粗鄙、落后，最终走向衰败。反之，如果人人都像前者，那么国家和社会必定会日益繁荣昌盛。所以，我提倡客观人生观，反对主观人生观。

孔子说："夫仁者，己欲立而立人，己欲达而达人。"（出自《论语·雍也》）我认为，无论是社会还是个人，都要照此行事。乍一听，这话好像有交换的意思，为了满足自己的欲望，要先忍耐，让他人先获利。但孔子的真实意图不是这样的，他希望世人先帮助别人，再实现自己的目标，君子行事一定要有顺序。这便是孔子的处世智慧，我认为说得极有道理。

"归一"思想

于是乎，我们创建了归一协会。若是要问这"归一"何解，并没有其他的意思，就是归于一。世界上的各种宗教观念、信仰等，最终都会归于一，不是吗？无论是神、佛，还是耶稣，都是在告诉我们做人要遵循的道理。无论是东方哲学还是西方哲学，虽然在细节上有所差异，但大同小异。

所谓"言忠信，行笃敬，虽蛮貊之邦，行矣"；反之，所谓"言不忠信，行不笃敬，虽州里，行乎哉？"（出自《论语·卫灵公》）这真是千古至理名言。若一个人表里不一、缺乏诚信、不能笃敬，哪怕是至亲好友也会疏远他。

东西方的道德观念都是如此，区别在于，西方稍显积极，而东方则略显消极。例如，孔子曰："己所不欲，勿施于人。"而耶稣则说："己之所欲，施之于人。"说法虽然稍微不同，但都是在告诫人们要弃恶扬善。虽说是一正一反，但实际道理是相同的。

第五章 理想与迷信

深入研究后,我发现各个宗派之间互相抨击指责,其实非常不明智!虽然我不能保证所有思想都能达到归一,但期盼着能实现某种程度上的归一,所以才成立了归一协会。

归一协会已经成立很多年了,成员除了日本人外,还有一些欧美人士,大家共同针对一些问题进行研究。40多年了,我一直倡导仁义道德与物质利益的统一,并努力付诸实践。道理虽如此,然而社会中的反面例子却不胜枚举,这实在让人痛心。

和平协会的保罗氏、井上博士、盐泽博士、中岛力藏博士和菊地大麓男都对我的主张表示赞同,哪怕不能完全归一,也可实现某种程度上的归一。世事有时候会偏离正道,然而真理是不会因此改变的。以前也有类似的观点,认为一定要把物质利益和仁义道德统一起来,若二者不能统一,便无法创造出真正的财富。

然而,这种观点仅仅是理论上的。若要将这一观点推广开来,那就不会再发生什么违反仁义道德的事了。例如,负责采购公家物品的采购员,若能认识到收取贿赂是违反仁义道德之举,也许就不会那么做了;若商人能认识到行贿是违背仁义道德的事,便不会再有行贿这种事情了。

倘若再进一步,将这种观点延伸到政治、法律、军事等领域的话,那所有事情都必须和仁义道德统一。只要一方能遵守仁义道德,从事正当的买卖交易,那另一方也就不可能单方面要求行贿了。社会上的事都是紧密联系在一起的,若双方都不顾仁义道德,必然会产生严重后果。若社会上的所有事都能合乎仁义道德,自然也就不会再有行贿受贿这种不堪的事情发生了。

"日日新"与"利和义"

当今社会可以说处在日新月异的进步之中。随着世事的不断变化，学问也在不断更新。但时间一久，很多事也容易出现问题，长处可能变成短处，利也可能变成害，甚至会使社会丧失勃勃生机。在中国的《汤盘铭》中，有这么一句有意思的话："苟日新，日日新，又日新。"一切事物，一旦流于形式，精神也会慢慢丧失，因此凡事都要经常更新。

繁文缛节是导致今日政界无所作为的主要原因。官员们只是停留在表面，并没有深入研究事情发生的原因。例如，每天满足于机械地处理上司分派的工作。政府部门、社会中的各个企业、银行等都是如此。一般来说，在一些死气沉沉的古国才会有这种现象，在生机勃勃的新兴国家里很少见。幕府统治的最终垮台也正是由于这个原因。按照"灭六国者六国也，非秦也"的说法，导致幕府走向毁灭的正是幕府自己。

虽说我向来不信奉宗教，但这并不代表我没有信仰。我的信仰是儒教，它约束我的言行举止。"获罪于天，无所祷也"，对我个人可行，对普通民众恐怕行不通。毕竟知识水平有限的人，还是需要宗教的。可时至今日，天下人心依然没有归一，宗教也只是流于形式。我们必须想办法改变目前的状况，不能放任自流。

我觉得建设有教育意义的设施是必要之举。就目前来说，不少人痴迷于迷信，相信那些子虚乌有之事，还有人因此搞得倾家荡产。若宗教家不设法扭转这种混乱的局面，这种情形恐怕会愈演愈烈。西方有这么一句话："信念强，不需要道德。"所以，我觉得民众一定要有坚定的信念，否则很容易误入歧途。

不少人以为经商的最终目的就是利己，只要利己就行，可无视他人。正因为如此，才产生了道德与利益对立的观点。这种观点并不正确，也不适合现在的社会，故此早已经被时代所摒弃。在明治维新以前，社会上流人士，也就是所谓的公卿子弟士大夫那一类人，常常自诩并非追求利益之辈，他们认为只有人格低下的人才会追名逐利。后来，这种风气有了很大改观。

就连孟子都觉得利益与仁义道德是一致的，可后世学者却将二者割裂。这后果自然就是行仁义则远富贵，求富贵则不行仁义。商人将赚钱作为首要任务则被称为奸商，受尽人们的鄙视，成了下三烂的角色。这也使日本经济的发展落后了数十年甚至数百年。如今这种风气虽日渐衰退，但并未彻底消失。我由衷地希望人们能将利益与仁义结合起来，而《论语与算盘》也能成为大家从商的指南。

巫术的失败

我15岁那年，我的姐姐因罹患脑病发了疯。那时她才20岁，正是风华正茂的年纪；但是因为疾病，她的言行与其他女性迥然不同，不仅会脱口而出一些粗鄙不堪的言语，还时常做出一些不堪入目的丑态，父母和我都操碎了心。因为姐姐不方便由别的男性来照顾，只能由我担此重任。虽然我因此经常遭到他人嘲笑，但毕竟血浓于水，我还是尽心尽力照顾姐姐，后来街坊邻居也开始夸我。

不仅我们一家人为姐姐忧心忡忡，连亲朋好友也牵挂着姐姐的病情。尤其是父亲本家宗助的母亲，她是一个相当迷信的妇人，认为我姐姐得这疯病十分奇怪，必是家中有鬼怪在作祟，所以她总是劝我们请得道法师来做法驱魔。由于我父亲一直以来都反对迷信，不相信世间有什么妖魔鬼怪，所以并不把宗助母亲的话当回事。

父亲决定带姐姐到田野的室田去疗养。因为室田有个非常有名的瀑布，据说患者只要在瀑布下面洗洗就可以康复。可是，宗助的母亲不知怎么说服了我的母亲。于是，母亲趁父亲不在家，请了法师来家里做法。我是父亲的孩子，自然性情像父亲，从小就十分厌恶迷信，所以对于请法师驱魔极力反对，可悲的是母亲根本听不进我的话，甚至不给我说话的机会。

后来，家里来了两三个做前期准备的巫女。因为做法事需要有人坐在她们中间，所以刚来家里没几天的女佣也被派上了阵。她们在室内挂上稻草绳，装模作样地装饰了一番。被蒙上眼睛的女佣端端正正地坐在中间，手里握着一枚"御币"。一切准备妥当之后，巫女们开始高声念诵各种经文，周围的信徒也都随之高声诵读。她们念的好像是一种叫"远加美"的经文。

刚开始，坐在中间的女佣好像睡着了，之后，她开始摆弄手里的"御币"。巫女们见状，赶紧解下女佣的蒙布，在她面前低头问道："何方神圣降临？请赐下您的神谕吧！"接着，她们又祷告说："这家有人被不知名的鬼魂附体了，请神灵告知！"此时，坐在中间的女佣显露出十分傲慢的姿态回答道:"家中灶神与井神作祟,还有野鬼也在作祟。"她的话惊呆了在场的众人。

此时,宗助的母亲显得十分得意,她忙说:"看看,神灵说得准吧!我之前就听老人说,这家曾有人去伊势神宫参拜,可去了之后便没了音信,想必是途中出了变故,化作孤魂野鬼回家来了,一定是他在作祟。神灵说得多准啊!"之后巫女又问女佣怎样才能驱除鬼怪,女佣答道:"建一座祠堂,并进行祭祀。"

因为我从一开始就极力反对这件事,所以格外留心整个法事的过程,想寻出点破绽来。一听到野鬼,我立即发问:"这大约是多少年前的事?因为要建祠立碑,必须弄清楚时间才行。"巫女又问了女佣一番,女佣答道:"大概五六十年以前。"我不死心,又追问了一句:"您可还记得当时是什么年号?"女佣不假思索地回答:"天保三年(1832)左右。"

众所周知,天保三年距离那时不过23年,与她所说的五六十年相差甚远。于是,我又言辞凿凿地问道:"按您刚才所说,您应该相当了解这个鬼怪,可您怎么会弄错他出事的年号呢?这如何让我们相信您啊?"宗助的母亲有些不满地打断我:"你这孩子竟然对神灵说这样大不敬的话,那可是会受到惩罚的。"尽管她说得有些吓人,但周围的人逐渐明白过来,狐疑地盯着尴尬的巫女。巫女无奈之下支支吾吾地说:"可能是什么野狐来了!""若是野狐的话,何须建祠堂祭祀?"巫女斜着眼瞪我,似是在警告我:"好小子,别多事!"我不以为意,得意地一笑。

自此之后,宗助的母亲再没参与过诸如请神、祷告的事儿,而巫女的身影也从村里消失,村里的人们也不再迷信了。

真正的文明

野蛮与文明是相对的。若是想分清什么是文明的、什么是野蛮的着实有些难,唯有通过对比才能分出泾渭来。比如,某种文明如果与更先进的文明相比,就成了野蛮;某种野蛮与更野蛮的相比,也许就成了文明。

今天,我们要用事实说话,而非空洞地夸夸其谈。当然,若只是将一个乡一个市进行比较的话,由于其民众文化程度有差异,加上范围也有限,还真不太好比较,因此我们就以国家为单位来进行比较。事实上,我对世界各国的历史和现状并没有进行过深入研究,故而可能无法详细解读。但对于世界闻名的英、法、德、美等国家,我还是略知一二的。那它们的文明是什么呢?我想应该是明确的国体、严密的制度、完善的法律等。

但我们不能把仅具备这些条件的国家就称之为文明国家。因为在此基础上,还必须保证这些国家有正常运转的实力。说到实力,我们必然会联想到军队,当然,警察制度以及地方自治团体也包括在其中。具备这些条件后,还应当竭力使其彼此之间保持平衡与协调,不可偏重于任何一方,使之统一发挥作用,唯有如此,才可称得上文明。简而言之,不管一个国家的制度多么完善,若管理这些制度的人缺乏足够的知识和能力,那便不能算作真正的文明国家。

就像我说的,各种条件都具备,但管理的人不够资格的情况还是存在的。这就是我们所说的优孟衣冠——从外表看服饰华美贵气，实际与其人格格格不入。是以，真正的文明，不仅需要具备各种完善的制度，还必须有具备优秀品质与丰富知识的国民。虽然这里并未提及贫富问题，但事实上已经把财富包含在文明之中了。然而，有时也有这样的情况存在：形式与实力并不相符，从形式上看属于文明，可实力却很弱小。总之，真正的文明需要同时具备强大的国力与富足的民众。

一个国家在发展过程中，应优先考虑发展什么呢？结合从古至今的例子来看，大抵是先发展文化，再发展实力。当然，也有的国家是先发展兵力，而后缓慢发展财力。从日本如今的状况来看，我觉得属于后一种情况。日本的国体制度是在明治维新以后由辅弼贤臣大力推动起来的，各种基础设施也逐渐完善，这是不争的事实。但财富是否也达到了同等的程度呢？很遗憾，由于时间太短，财力还没有达到相应的程度。强大的实业不是短期可以建立的。

因此，日本积累的财富与上述完备的国体制度相比是远远不够的。但若是全体国民都努力去积累财富的话，还是大有可为的。不过，就聚财而言，有必要先用财——提升文明则需牺牲财富，一个国家要想发展文明，成为文明国家，必须消耗大量的财富，这是有必要的——为了保持一国的体面，谋求未来的兴盛，扩张军事力量是必要之举。与此同时，无论是内政还是外交，都需要一定的支出。

如此说来，为了使国家各方面都强大，消耗一定的财富是免不了的。但若是过分偏重于发展某一方面的话，则会减缓文明的进步。若文明落后了，那治国方略便形同虚设；用不了多久，国家便会由文明走向野蛮。

由此可见，要使文明成为真正的文明，财富与国力必须保持平衡。所以，我觉得必须文武协调、上下一致，如此才能使国家平衡发展。

对外发展需注意

明治时代是一个纳新吐故，不断进行改造、谋求进步的时代。虽然不能说这个时代已经到了登峰造极的地步，但对于长期闭关锁国、未接受西方发达国家文明的日本来说，能在短短四五十年的时间里，采用取长补短之策，使本国在某些方面能和其他发达国家相媲美，这的确称得上是巨大的进步了。这也多亏明治天皇的英明领导和各级官员的努力，以及全体国民的辛勤奋斗。

有些人认为明治时代的结束意味着艰苦创业的时代过去了，如今的大正时代，应该是好好享受的时代了。可是，我们不能满足于目前这样的小小成就，因为日本国土面积小，人口众多且呈现持续增长的趋势，所以我们需要寻求有效改良耕地的方法。

比方说，我们可以对种子进行改良，追施氮肥、磷肥等优质肥料，使耕作方式集约化。如此一来，一块原先只能收 5 草袋的上等田地，便能增收一半左右，下等田地则可以增收一倍。以前不能种植的早稻，使用人造化肥后，一亩半地也能收 5~7 草袋。因为耕地面积非常少，所以我们更需要因地制宜，有效利用土地。此外，北海道或者其他新的疆土的开发，也需要大量资金和劳力的投入，要尽可能开创一些力所能及的事业。

这是必然趋势，但我们应该如何抉择呢？我认为，要选择那些地理条件相对优越的地方，如气候适宜、民风朴实、土地易于开发等。然而，最让我担心的是美国与日本的关系。造成今天这样的局面，实在令人唏嘘不已。尽管出现这样的局面，主要原因不在我们，而是由于对方的傲慢，甚至是不讲理，可是从发展大局着眼，我们也有必要进行反思。当然，这方面的问题理应由国家层面的相关人员进行交涉，而不是我力所能及的。

时下国民所期待的是，无论在何地，我们都要有勇往直前的魄力与耐力。只有这样，我们大和民族才能走上强国之路。但同时，我们也要牢记，发展自我的同时不要遭到其他民族与国家的厌恶。这是对外发展要注意的。

如何肃清歪风邪气

在动荡不安的局势中，日本打破了统治者与被统治者之间的界限，逐渐形成新的局面。商人脱离了原先狭小的交际圈，逐步走向世界。除此之外，日本国内的商业活动，先前都是政府一手操办的，现在则是由个人负责。对于商人来说，这是一片崭新的天地。

无论是商人还是工人，都应具备一定的地理、历史、商业等文化知识，这样不仅能从世界各国吸取更先进的知识，还能使商业更加繁荣。当然，这里指的是实业教育，并非道德教育。也因此，人们往往会产生误解，认为只用学习实业知识，不用接受道德教育。

因为，他们认为即使没有道德教育，也是能够创造财富的。让人无法否认的是，确实有些人实现了这个梦想，一夜暴富的事也并不鲜见。在这些刺激和诱惑面前，每个人都有自己的发财梦。可他们将仁义道德抛诸脑后，导致世风日下、腐败横生，也造成了今日的富人越来越富裕，而穷人则越来越贫穷的局面。现在到了肃清歪风邪气的时候了。

那要如何肃清呢？前面我们说过，如果一个人使用不正当的手段谋求财富，那么他终将成为一个唯利是图、道德败坏的社会败类。但是，若过分地憎恶这些人的行为，又会阻断致富的途径。这和批评实业界的腐败堕落是一样的道理，因此，一定要采取适当的措施，否则，必然有损国家发展的元气，从而导致更大的损失。

要肃清歪风邪气困难重重。在过去，只要统治者能注重道义，限制从事生产的人，且规定其活动范围，就有可能减少这种弊害。但这样的做法也会阻碍国家财富的积累。因此，为了真正达到致富的目的，且保证财富的来路正当，必须制定出大家都认同的规则，这也就是我所提倡的仁义道德。

仁义道德与物质利益之间是不冲突的。一旦明白了这一点，我们便要认真研究怎样才能保持仁义道德。若我们可以依此行事，于国于民，都是可以增加财富的。

至于具体方法，虽然不能以日常事例一一详述，但请大家务必牢记：仁义道德与物质利益是一致的。所以我们发展经济，不应做损人利己的事情，而要把公益事业放在首位，众人各司其职、各尽所能，在发展的过程中，不危害国家、社会和他人。只有通过正当劳动获取的财富才是自己的，而且只有这样的财富才是久远的。若真如此，那肃清歪风邪气便可以水到渠成。

第六章

―― 人格与修养 ――

我们常说的气魄指的是什么呢?这个词很难具体地解释,但从汉学角度来看,我们可以将其归结为孟子所说的浩然之气。

乐翁公的少年时代

乐翁公（松平定信）的生平事迹在日本可谓人尽皆知，在此，我也就不再多言了。根据他自己所说和松平家族收藏的《拨云笔录》，我们可以看看他的幼年生活，然后从侧面分析一下使他形成独特人格和精神的原因。据他说：

"我6岁那年生了一场大病，当时的一些名医，甚至连高岛朔庵法眼都对我的病无能为力。我那时特别想活下去。我就那么硬抗着，没想到到了9月我竟然不药而愈了。我7岁时便开始读《孝经》，学习日文字母。到了八九岁，几乎所有的人都夸赞我聪慧，有大才，我也认为是这样，如今想来，很是惭愧。"

他认为别人夸他有才，夸他聪明，是在阿谀奉承他，他年少时不懂，长大后才意识到。接着，他又说了一段往事：

"再后来，我开始接触《大学》。可任凭老师怎么教我都记不住。反省之后我才明白，别人夸我记忆力好，夸我聪明、有才华，其实都是对我的阿谀奉承；其实我天资愚钝，记忆力也一般。发现这一点的时候，我才9岁。现在回想起来，少时总被别人夸奖，对以后的成长极为不利。在我10岁那年，我便树立了远大的志向。我想成为一个妇孺皆知的大人物，要扬名整个日本，甚至扬名中国。可志向太大，有时也是一种愚蠢的表现。"

由此我们可以看出，乐翁公10岁时就想成为名扬四海的人，并为自己的远大目标而努力。虽然他立下大志，但是谦逊的他却把这看作是自不量力。他还说：

第六章　人格与修养

"那时，我常常会接受别人的请求，为他们题字。但是，自从我得知那些找我题字的人几乎都是为了讨好巴结我，便不再有继续为他们写字的心思了。"

无独有偶，我的情形大致与他相仿。经常有人向我讨要字画，或请我为他们题字，若是依照乐翁公所说，那些人也只不过是为了讨好我罢了。

后面，他又说：

"12岁那年，我迷上了写作，开始收集通俗的书籍，还养成了在读的书中做注解的习惯。其中，《大学》这本书我写过不少批注，并想编成书，以传授他人为人处世的方法。可是，因为自己并没有完全理解经书的内容，而且市面上的参考书多失实，我就没再继续写。"

乐翁公十一二岁时便开始撰写书籍，待到涉及专业知识时，他才恍然发现自己多么不专业。又想到参照失实的书籍可能会误人子弟，他便停下了手中的创作。

他在后文又接着说：

"如今想来，幸亏当初没去搜集真西山的《大学衍义》，否则很可能误人子弟。从那时起，我开始尝试写诗，尽管做不到文采飞扬。那时无人可指点我一二，于是我只能自学，到后来就丢到一边了。在某次去铃鹿山郊游时，看到来来往往的旅客和漫山遍野的花，我突然有感而发：

　　　　铃鹿之旅投宿远，
　　　　依旧眷恋花丛中。

"这是我11岁那年的作品。"

105

一个11岁的孩子就能作出诗来，可想而知在当时的文坛是多么轰动的一件事。

"明和五年（1768），我12岁，写了一本名为《自教鉴》的书，并请大塚先生帮我修改。他看过之后，对我的文章大加赞赏并做了不少批注，我至今记忆犹新。我从明和五年开始写，到明和七年写完。后来我把它拿给父亲看，父亲非常高兴，立刻就送给我一套《史记》作为礼物，现在我还保留着这份礼物呢。因为那时我刚开始写诗，根本不懂何为平仄和押韵，所以也不敢拿出来见人。

"《雨后》诗如下：

　　　　　虹晴清夕气，雨歇散秋阴。
　　　　　流水琴事响，远山黛色深。

"《七夕》诗如下：

　　　　　七夕云雾散，织女汲银河。
　　　　　秋风鹊桥上，今梦莫畅波。

"这些诗都是经过很多老师修改才敢示人的。"

由此我们可看出，乐翁公自小便是个多才多艺之人。从他的藏书里可以找到那本《自教鉴》，我有幸拜读过此书。这本书意在告诫自己要修身养性，虽然篇幅不长，但句句有理，颇为耐读。乐翁公是个生性温和的人，他很是担心老中、田沼、玄蕃头的统治。他认为这些人的统治迟早会毁了德川幕府，所以他打算独自一人去行刺田沼。《自教鉴》里记载着这些事。通过此事，我们可以看出乐翁公是个良善且有远见之人，但同时他又是个脾气暴躁之人。他还有过这样的趣事，因发脾气而被手下劝谏：

"明和八年（1771），我15岁，从那时起，我变得暴躁易怒，常为一些鸡毛蒜皮的小事大发雷霆。我身边的人都表示难以忍受这样的我。大塚孝绰尤和水野为长经常会来劝我，他们会指出我哪些行为有些不妥，我虽很是感激，但还是无法抑制自己的怒气。后来他们想了个好办法，在我屋里挂了一幅姜太公钓鱼的画。我每次想要发脾气的时候就会去看那幅画，提醒自己要克制，要静下心来。虽然这是非常难做到的，但是我也慢慢做到了一天内完全不发火。直到我18岁，这种怪脾气才彻底消失，这多亏了周围人的劝谏。"

由此可知，乐翁公虽然是一个天才，但他感情过于浓烈，个性过于鲜明。然而，因为他能坚定自身信念修身养性，终使他形成了独特的人格。

人才的评价标准

世人皆云人类乃万物之灵。既同为万物之灵，则人与人就不该存在太大的差异。可事实上呢？世间之人，各不相同。仅以我的交际圈为例，既有尊贵的王公贵族，也有普通的平民百姓，他们可以说有天壤之别。就连每个小山村、小乡镇之间也存在明显的差别，更别说一州一县了。若论国与国之间的差别，那就更大了，且差别之处不胜枚举。

世人既有尊卑智愚的差别，要评价其价值就很难，更不要说提出明确的标准了。然而，既然我们认同人类是万物之灵，个体之间自然就会有优劣之分。这个明确的标准从"盖棺定论"这句古话就能看出。

人言"诸人相同"，这话似乎有理；再想想"诸人皆不同"，这话也没错。我们要评定一个人的价值时，就有必要研究上述两个观点，可这并非易事。我认为，我们只有先解决了这个问题，才有可能得出正确的判断。我想我们有必要进一步深入探讨什么是人。

很久以前，欧洲有位国王做过一个关于人类语言形成的实验。他让人把两个婴儿关在封闭的房间内，不让他们听到任何人类的语言，也不让他们接受任何教育，等到婴儿长大成人以后再带出来。结果这两个人只会发出像兽类那样的哼哼声，不会用语言来表达任何情绪和事情。

虽然我不清楚该实验的真实性，但是我想说的是，人类与禽兽之间的差异并不大。我们不能因为他们四肢五官健全，有人的基本形态就笼统地将其称之为人。真正意义上的人还需修德、开智且对社会作出有益的贡献。换言之，只有具备了灵长类的能力并且有社会性的人，才具有作为一个人存在的真正价值。这也是鉴定生而为人真正价值的标准，以上论点若是脱离了这几点，则不成立。

纵观古今历史中的伟人，又有几人是真正有价值的人呢？在中国历史中，周朝的文王和武王推翻残暴的殷纣王，统一了动荡的政局并且以德治天下。为了纪念这两位拥有丰功伟绩的伟人，后世的人们把文王和武王称为圣人。

与文王、武王、周公等人并称圣人的孔子又是怎样的人呢？

其弟子颜回、曾子、子思和孟子等人也享有圣人之称，他们毕生为了寻求大道而云游天下。在那个英雄辈出的年代，他们就连一个小国也没有。在德行、名声方面，他们丝毫不逊色于文王、武王；而在财富方面，他们与文王、武王相差悬殊。若我们将财富作为衡量一个人真正价值的标准的话，那么孔子就是失败的。可是孔子不觉得自己逊色。世人皆知，文王、武王、周公、孔子等人都是知足常乐之人。若将财富作为衡量一个人价值的标准，视孔子为逊色之人，这着实有些不妥。

所以，评价一个人并非易事，要评价此人真正的价值，我们需从各方面去观其成就及影响，还要看他是否对社会以及人类作出过贡献。

纵观日本历史人物，我们可以看到相似的例子。例如，我们可试着评判下藤原时平、菅原道真、楠木正成还有足利尊氏这些人，他们谁的价值更高呢？藤原时平、足利尊氏都拥有惊人的财富，可放眼今日，人们在谈论忠诚时才会想到藤原时平，而菅原道真之名却家喻户晓。尊氏、正成两人的情况也差不多。那么，我们到底应该怎样评判一个人真正的价值呢？

世人总喜欢对别人品头论足，但若要彻底了解一个人，并对他进行既客观又公正的评价却并非易事。所以，我们不可轻易评价一个人，而要真正评价一个人，需将其各方面综合起来，将其功名和财富放在第二位，着重考察他对社会所作的贡献，这样才能得出正确的评价。

真正的气魄

我们常说的气魄指的是什么呢？这个词很难具体地解释，但从汉学角度来看，我们可以将其归结为孟子所说的浩然之气。

我们总说年轻人有气魄，但这并非说只有年轻人才有气魄，凡事不可断章取义。其实气魄人皆有之，虽然大隈侯爵仅比我年长两岁，但我不能不被其气魄折服。

关于何为浩然之气，孟子曰："其为气也，至大至刚，以直养而无害，则塞于天地之间。"（出自《孟子·公孙丑上》）这里"至大至刚""以直养"的说法，实在有趣。我们常听他人说某个人"没有气魄"，或是"拿出点气魄来"这类的话。甚至还有人说，在烂醉如泥的时候大喊大叫，也是气魄的具体表现；而那些沉默不语的人则被认为是窝囊废、没有气魄的人。

当然，肯定不会有人欣赏这种因醉酒在街上喧哗而被警察抓走之人的气魄。明知道自己是错的还强词夺理和别人发生争执，也不能称之为气魄。这都是错误解读气魄这个词的表现。

品格高尚，也是有气魄的一种。福泽先生十分注重独立自尊，我们可以将他所说的自尊理解为有气魄。若是人们在做到自助、自守、自治、自存等前提下，又具备自尊的品质，那就是完美。当然，自治、自存，必须要付出一定的努力才行。我们口中所说的自尊，若有丝毫偏差则容易被人错误地理解为倨傲。

气魄并不是天不怕地不怕。如果过马路的时候也要强调自尊，看到迎面而来的汽车也不避让，那终会酿成惨剧，这种愚昧的自尊绝非真正有气魄的表现。气魄是一种极其刚强的气势，并不是如上所述的意气用事。

孟子所谓的"至大至刚，以直养"，就是说要用正当的道理加以培养，气魄才能持续延续下去。因为一时醉酒表现出来的"气魄"，不过是强弩之末，昨日勇猛今日疲惫，这并非气魄。唯有用刚正不阿之心，经过日积月累培养出来的气魄才能"塞于天地之间"，才能称之为真正的气魄。

如今的学生普遍缺乏这种气魄，是以经常被认为是软弱、淫靡、优柔寡断之辈。倘若再这样继续下去，在不久的将来，也许整个民族都会丧失气魄。我认为这一代年轻人要担起重任，需从修身养性、培养气魄做起。程伊川说过一句话："哲人知几诚之于思，志士厉行守之于为。"或许我在文字描述上有些出入，但我深为赞同这句话所蕴含的哲理。

明治时期的先辈们正是"哲人知几诚之于思"之人，而大正时期的年轻人一定要成为"志士厉行守之于为"之人。现在正是完成这一历史使命的时期，我的意见是，年轻人需养足气魄，努力造福社会、国家和人民。

二宫尊德和西乡隆盛

明治五年（1872），我和陆奥宗光、芳川显正跟着井上侯爵一起远渡英国筹集公债，井上侯爵担任总指挥、负责管理所有相关事项。明治四年（1871），吉田清成想方设法要对财政进行改革。某日傍晚,西乡公(西乡隆盛)忽然到神田猿乐町来找我,那时西乡公是政府的参议员,身居高位,却来访问我这微不足道的财政大臣。说实在的,我觉得一般人很难做到这点。当然,我在受宠若惊之余,也感到十分惶恐。后来我才知道,他来找我是为了相马藩的《兴国安民法》。

《兴国安民法》是由相马藩聘请二宫尊德先生拟定的一部涉及财政、产业等各方面的法案。后来,在以井上侯爵为首的我们这一批人在企划财政改革时,有人提议废除二宫先生遗留下来的《兴国安民法》。相马藩的人得知这一消息后,觉得此事关系相马藩的兴衰及发展,便委派富田久郎和志贺直道两人到东京拜见西乡参议员,请求西乡公在财政改革时出面,保留《兴国安民法》。

西乡公当时虽然接受了他们的请求,可后来同大久保先生、大隈先生谈论此事时,却并未获得他们的认同。他又想到,若是井上侯爵也不认同的话,这一要求一定会被否决。为此,西乡公极其烦闷,突然就想到了我。因为,他觉得若是能说服我,那么《兴国安民法》便有可能不会被废止了。他十分重视自己对富田、志贺做出的承诺,于是特意来到我这个官职卑微的小官的茅屋。

西乡公向我说明了他眼下的处境,并且表示,如果《兴国安民法》被废除,是非常可惜的。他希望我能为他出一份力,让《兴国安民法》得以续存。

于是,我问西乡公:"您觉得这部法律应当续存,那么您是否了解二宫先生的《兴国安民法》的具体内容呢?"他诚实地回答说不了解,就连基本内容都不怎么了解。

我对他说:"您对这部法律什么都不了解,就来劝我阻止它的废止,这不是很让人费解吗?不过,在此之前我还是先为您说明一下吧。"由于此前我对《兴国安民法》进行过深入调查,于是向他做了详细说明。

二宫先生一到相马藩便对藩内过去180年间的全部年收入进行了详细的统计,并将这180年分成了天、地、人三个阶段,每个阶段都是60年,然后算出这60年的平均年收入,并以此作为这个藩的年平均收入参数。此后又将这180年分成乾、坤两个阶段,也就是90年为一个阶段,把收入少的坤年人均年收入作为藩内的年支出数额,并以此为依据,做出年支出预算。若当年年收入超过了坤平均年收入参数,那便是收入增加了;若仍有剩余的财力,就将其作为来年开垦荒地的资金,并且,开垦出来的新田地被分给贡献最大的人。这便是相马藩的《兴国安民法》。

西乡公听完我对这部法律的详细说明后,问道:"依你所说,《兴国安民法》其实是符合量入为出的原则的,不是挺好吗?若是能存续不是更好吗?"我觉得发表自己对财政改革的意见的时机到了,便对他讲道:"就这点来说,您讲得很对,若是继续沿用《兴国安民法》,相马藩必定会越来越昌盛。但是,您要明白一点,我们的首要任务是为国家制定法规,而非讨论要不要保留或废除相马藩的这部法律。西乡先生的意思难道是宁可使整个国家的法律无序发展,也要保留相马藩的《兴国安民法》吗?您作为肩负国家兴衰,身负佐理国政大任的参议员肯为一藩的《兴国安民法》奔走,却对关系国体的法律没有考虑,这做法未免本末倒置了。总揽全局,权衡利弊才是最重要的。"

听了我的话,西乡公无言以对,默默地告辞了。

我想表达的是，在维新的豪杰中，像西乡公那般不端架子的人才是让人敬重的豪杰。

不能空谈修养

究竟做到什么程度才算有修养呢？这个问题虽然没有统一的答案，但是我们必须要注意的是，不能空谈修养，要付诸实践。因为修养必须要理论联系实际。

在此，我需对实际和理论的结合，加以特别说明。通俗地讲，理论与实际、学问和事业是相辅相成的，若它们不能协调发展，一个国家也不可能真正强大起来。即便某一方面做得不错，若另一方面欠缺的话，这个国家也很难真正跻身世界强国之列。

因此，我们既不能仅强调理论，也不能忽视实际，二者只有相互结合，国家和民族才能富强昌盛，个人才能日臻完美。

这种例子不胜枚举，在中国古典书籍中，大家耳熟能详的孔子与孟子一直备受推崇，孔孟之道被后世称为经学或者实学，跟文人墨客们那些诗词歌赋大相径庭。对儒学钻研最深，并将其发扬光大的是宋朝后期的朱子。朱子是位学识渊博，潜心钻研的学者，可他所处的时代政治颓废、武力衰微，因此，朱子的实学没有用武之地。虽然他的学问登峰造极，但是可以说，这种学问与那个时代明显脱节，不合时宜。总而言之，经学在当时虽发展为代表学问，但却没能与实际相结合。

然而，在日本，朱子儒学却被巧妙地利用起来，并发挥出真正的效用，做到这点的人就是德川家康。

元龟、天正时期的日本可谓群雄割据，自称天子的就有二十八位诸侯。在那个兵荒马乱的年代，各大诸侯只注重发展自己的军备与军事。这时候，德川家康表现得相当明智，他意识到单单依靠武力是无法治国平天下的。于是，他积极推行朱子儒学，还特地聘请藤原惺窝、林罗山等人推行儒学，并积极付诸实践。

时至今日，我们还能看到德川家康遗训中的一段名言：

"人之一生，如负重担而行远道。不可操之过急。起非分之望时，应想到困穷之时。忍耐为安全长久之本，怒为大敌。知胜而不知负，祸及自身。责己宽人，不及胜于过。"

这些话都是从经学中学来的，而且明显效仿了《论语》中的相关名言。德川家康能够平息战乱，并且一统天下，维持300年的和平，关键在于他不教条，协调了理论与实际的关系。

遗憾的是，时光推移到元禄、亨保年间，各种学派逐渐发展起来，而那种纸上谈兵的空谈家又占了上风。虽然著名的儒学家有很多，但能够理论联系实际的却仅有熊泽蕃山、野中兼山、新井白石、贝原益轩等人。到了德川末期，国家实力一蹶不振，这可以说就是理论不能联系实际的结果。

过去的例子以我们时下的眼光看，确实是理论与实际脱节了，继而导致国运衰败。看看现今世界上二三流国家的情况，这种情况也很普遍。然而在那些一流国家中，这样的情况几乎没有，即便有也是极少的特例。

再反观日本，至今也不能很好地协调理论与实际的关系。甚至可以说，这种不合时宜的现象很严重。想到这些，我不禁要为我们的国家忧虑。

所以，我衷心希望每位注重修养的人都要牢记：切忌走旁门左道，要恪守中庸之道，要意志坚定地向德与智迈进。也就是说，我们既要提升自己的精神修养，同时也要丰富自己的知识。

这就是我所倡导的"不能空谈修养"的现实意义。因为修身养性的目的并非为个人，而是为一个镇、一个城，乃至为整个国家与民族的振兴作出应有的贡献。

磨炼自己的意志力

人生不如意事十之八九，不仅指有形的事，对人的内心世界来说也是如此。例如，我们明明已下定决心做某事，却常常为一点小事改变主意。有时或许是因身边人的劝说改变了最初的决定，虽然这劝说并非恶意的，但这也恰恰说明我们自身的意志力过于薄弱。认识到自己的不足却不知改正，这就是意志力薄弱的表现。

换句话说，我们要平时多磨炼意志力，才可能形成独特的人格。我们必须做任何事都形成"先这样""然后那样"的意识。一旦开始做某件事，无论旁人说什么，又或者出现什么突发状况，都不可再受影响，更不能被别人牵着鼻子走。因此，我们平时应注重意志力的锻炼，并在处事的过程中循序渐进，这是很重要的。

第六章 人格与修养

人心是很容易改变的。人们常常在已经决定做某事，或必须做某事时，意志竟然不知不觉动摇，做出违背本意之事，这便是意志力不足的表现。事实上，即便是那些意志力很强的人有时也难免动摇，更何况那些社会阅历少、欠缺锻炼的年轻人呢？因此年轻人一定要更加警觉，凡事一定要深思熟虑，不可鲁莽行事，唯有慎重思考才能明心见性。而一旦做出决定，就要一直坚持下去。修炼意志最大的敌人是停止自省、思考。

以上是我总结出来的有关锻炼意志力的理论，可能有说教之嫌，却是我自身的感触。我想给大家再分享一下我的个人经验。我自从明治六年（1873）辞官之后，便在工商界闯荡。从那个时候起，不管政界发生什么事都与我无关。本来政界商界之间便有着错综复杂的关系，唯有八面玲珑之人才能巧妙地盘桓其中，这可是相当具有挑战性呢。我自认为能力平庸，因此不敢挑战。

我只是一介凡夫，若这样做的话极有可能因为走错一步而陷入万劫不复的深渊。因此我狠心与政界彻底断了往来，心无旁骛地投入商业界。说起来当初做出这个决定全凭我的意志，不少朋友为此还对我进行过劝阻，但都被我一一回绝了。虽说我当初的信念非常坚定，可是后来，我发现理想和现实并非一回事。在过去的40年里，我多次动摇，差点改变初心，但每每想到改变最初的决定是一件多么危险的事，我就会打消动摇的念头，直至今日。这些年我经历过的磨难，远远超过我当初的预想。

若我是个意志力薄弱之人，在各种诱惑面前就可能会走错路，进而造成与今日迥然不同的局面。例如，在过去的40年里，若我在某件事情的决策上有所失误,让原本应当朝正确方向发展的事情朝着相反方向发展,且不说事件重要与否,开始时的初心无疑会因此遭受打击。

哪怕是一次非常小的打击,也常常让人自乱阵脚,使意志力遭受极大打击,这就会使自己产生一种破罐子破摔的心理,之后就会认为即便出错了也是极其正常的。"千里之堤,溃于蚁穴"说的就是这个道理。这40年的人生经历告诉我:一个人的成功或失败,关键在于其是否能坚持走自己的道路。一路走来,我常常碰到一念之间的决策,若没能坚守初心,中途放弃,那么极有可能会毁掉自己的一生。值得庆幸的是,每次遇到这种情况,我都会小心谨慎,虽也有一闪而过的动摇,但很快就会恢复初心,这才使我平安地度过了40多年。

由此可见,锻炼意志力并不容易。但我仍然觉得,只要大家都能从经验中吸取教训,就一定会有所收获。总结如下:即使是很小的事情,一旦违背自己的初心,坚决要摒弃;若一开始就被小事左右,最终将会导致不可收拾的局面,因此,即使对待小事,亦要三思而后行。

追根溯源

对于乃木大将殉死,一直以来众说纷纭。不少人评论他:"殉死的行为理应受到世人的批判,但没有人有资格批判乃木大将的死。"也有人评论:"大将之死,何其悲壮?他的死乃是生命最伟大的升华，他将永远活在人们心中。"各种评论层出不穷，媒体报刊亦纷纷响应。我们很容易看出，乃木大将的死对社会的影响是非常大的。

虽说我的看法与后者不谋而合，但我认为，与其说人们是对乃木大将的死表示崇敬，倒不如说人们是敬佩他活着的时候的为人。或者也可以这么认为，大正元年（1912）9月3日之前，乃木大将的行为品性让人尤为敬重。他离世的消息犹如晴天霹雳，震撼了所有人。

暂且不论大将殉死的动机是什么，仅凭他的死给社会带来如此之大的反响，我觉得有必要阐述一下我的看法。我和乃木大将没有任何亲密关系，对他也并不了解，我也是通过社会各方面对他的评价认识他的。综合社会各方面的评价来看，大将委实是一个正直廉洁、真诚待人之人。从大将生前的一些事迹，还可以看出他做事一丝不苟的态度。

在军务方面，他为君为国鞠躬尽瘁，是名副其实的忠君爱国之人。他的两个儿子先后在日俄战争中为国捐躯。晚年丧子的大将，在人前却从未掉过一滴泪。

乃木将军很年轻时便从了军，并时刻谨记自己的天职是服从命令。与此同时，他还有一颗不惧强权、明辨事理的正义之心。他曾经因为忤逆上司被开除，可以看出乃木将军是个容易冲动的人；但同时他又是一个诙谐幽默、平易近人的人，他手下的士兵无不被他温文尔雅的君子之风所折服。

他在学习院担任院长时，大家时时都能感受到他对学生们的关爱。他并非那种一味凭借武力解决问题的人，他就像萨摩司令一样文雅风趣——在战死沙场时，他身上还怀揣着和歌的草稿。他又像八幡太郎义一样热爱和歌——在勿来关写的和歌，至今广为流传。这些辞世之作不仅是英勇与文雅的碰撞，更是真情流露。

　　大将是一个有着强烈奉献精神的人，先帝不幸驾崩，让他觉得生活没有了意义。即便还有很多事等着他处理，像未来军事发展的方向、学习院的各种事务、对英国的外交政策等等，可这些事并不能缓解他内心的痛苦，他最终决定以身殉先帝。大将殉死的消息一经传开，他生前的事迹和思想也随之被世人知晓。虽然抛弃生命的做法并不伟大，但是他 60 多年来的所作所为是伟大的，他的生平事迹是伟大的，他的人格也是值得世人永远赞颂的。

　　如今社会上的年轻人有一个通病：他们只看得到成功人士的风光与荣耀，却看不到他们付出的辛劳与汗水。

　　只重视表面，却无视内在，这真是让人悲哀。

　　对于乃木大将也是如此，多数人只是感叹他壮烈殉死，却不知道他为什么这样做，也不知道他生前的光辉事迹和他崇高的品格。

德川家康之功绩

　　东照公（德川家康）之所以能得到世人的敬仰，是因为他在神道、佛教、儒教等方面作出了巨大的贡献。他曾经做过不少调

第六章　人格与修养

查,希望能找到让国家兴盛和繁荣的方法。事实上,这并不是一件容易的事情。对此,历史学家对他好评如潮。

一直以来,我都对东照公在文学和政治方面所作的贡献深感敬佩。在佛教方面,他先是让楚舜负责,但由于此人在佛学上的造诣不高,并未受到东照公的器重;后来改由南光坊天海来负责。在儒学方面,他先后聘任了藤原惺窝极其弟子林道春——后人尊称他为官方儒学者——取得了极大的成就,还建立了一个新宗派。

东照公非常重视且大力推崇儒教。历史书上有关于东照公熟读《论语》和《中庸》的记载。他有一篇杂有平假名的文章《神君遗训》,至今我仍清楚地记得其中的话:"人之一生,犹如负重担而行远道,切不可操之过急。"这是东照公熟读《论语》的证据。在《论语·泰伯》中曾子说:"士不可以不弘毅,任重而道远,仁以为己任,不亦重乎?死而后已,不亦远乎?"用东照公的话来说是:"人之一生,犹如负重担而行远道。"他在遗训结尾说的"不及胜于过",来自孔子的"过犹不及"。以上这些,都是东照公的《神君遗训》出自《论语》的依据。

东照公在道德方面也做了大量工作。只可惜元龟、天正年间,日本内乱不断,战火四起,民不聊生,在这朝不保夕的情况下人们丧失了对文学的兴趣,更不用说仁义道德了。而东照公不仅注重仁义道德的发展,也十分重注文学的发展,他决定用朱子儒学来振兴文学。

此后,经学一派可谓百家争鸣,而林家能将儒学发扬光大,都是因为东照公的良苦用心。

更值得一提的是,他在佛教方面也作出了卓越的贡献。他最初在广三河的大树寺皈依,与那里的僧侣建立了深厚的友谊,而大树寺属于净土宗。后来,他任用了芝地一位名叫增上寺的主持,再后来他转移到骏河,又任用了金地院的崇传、承兑等人。到最后,他任用了开辟东睿山的南光坊天海。不得不说,这位天海非常优秀,若用英雄来形容或许有些夸张,但他在僧侣中的确颇负盛名。他是长寿之人,比大隈侯预想的还多活了1年,活了126岁。东照公非常信任天海禅师,时常向他请教佛法。

东照公在骏河时曾多次与天海禅师交流佛法,这在我最近所读的南光坊天海的传记中也有提及。他们到底交流了多少次已无从考证,但据天海禅师记载,在某年的3个多月里,东照公先后拜访他六七十次。即使在东照公卸任后身在江户,也时常以书信方式与天海禅师交流,迁到东京后亦是如此。

可见东照公并非茶余饭后借这些事来打发无聊的时间,而是一有空便认真聆听佛法。虽然《德川实记》中并没有关于这方面的详细记载,但很多地方都提及他向南光坊天海请教佛法之事。

驳修养无用论

在谈论修养问题时,我曾遭受过别人的攻击。反驳我的观点大体上可分为两点:其一,修养不值得提倡,因为会磨灭人的天性;其二,修养会束缚人的心灵,使人变得卑屈。对于这两点我将用以下观点来反驳：

首先，说修养会磨灭人的天性，是大错特错的。这是把修养与修饰的概念混淆了。所谓修养其实就是我们常说的修身养性，包含锻炼、研究、克己和忍耐等，是通过努力让自己慢慢达到圣人和君子的境界。所以我想重申，修养并不会改变人的天性。

如果一个人有足够的修养，那么假以时日，他的品行与人格会越来越完美，慢慢接近圣人的标准。若是认为修养会磨灭人的天性，其实也就否认了圣人的存在。

其次，若说修养会让人变得卑屈，变成伪君子，那这种修养是错误的修养，不是我所提倡的修养。说人性本善，我当然赞同，但七情六欲却会左右我们的心，哪怕是圣人也要学会控制自己的心，因此我们需要用修养来克制自己。所以，那些说修养会束缚人、让人变得卑屈的言论完全是谬论。

认为修养会使人卑屈，是不注重礼节且忽视虔诚的说法。我们常说的孝悌忠信、仁义道德其实都属于修养的范畴，这可不是一般的愚昧卑屈所能达到的境界。《大学》中所说的"格物致知"，王阳明所说的"致良知"，指的都是修养。修养并不是塑造泥偶，修养能增长人的良知，发挥人的灵性。一个人越有修养，在处事接物时就越能明是非、辨善恶、懂取舍。

断章取义地说修养会使人变得卑屈，这是对修养最大的误解。说到底，要增长知识和智慧，修养是不可或缺的。

需要注意的是，注重修养并非轻视知识。如今的教育过于强调知识，而缺乏对精神的磨炼，正因此，我们更应该注重修养。如果认为知识和修养不相容，那便大错特错了。修养的含义非常广泛，它包含对自身精神、智慧、知识、身体以及言行方面的磨炼。不管你多大年龄，只要坚持不懈地修身养性，总有一天，你会达到圣人的境界。

以上就是我对修养无用论的反驳。我真切地希望所有青年朋友们都能理解这个理念，努力成为一个有修养、有道德的人。

人格修养法

我觉得，现在的年轻人培养高尚的人格，是十分必要和切合实际的。日本民众的道德观念在明治维新前很好，后来伴随着西方文化的传入，国民思想也发生了变化，继而导致如今这样混乱不堪的（思想）局面。

如今的年轻人一味地追求时尚和潮流，认为儒学是陈旧的，许多年轻人排斥甚至抵制儒学。彼时，基督教义尚未成为普遍的道德规范，明治时代也并未形成新的道德规范。这就致使日本国民的精神无所依托，思想处于混乱无绪中，不知该何去何从。

如今，日本的年轻人越发不注重修炼自己的人格，这实在是令人担忧。同时代的世界强国都有自己的宗教信仰，并且确立了道德规范；唯独日本还处在思想混沌中，同胞们难道不觉得羞愧吗？

反观时下，人们推崇追求个人富裕的思想，甚至因此变得思想偏执、举止极端。若人人如此，又何谈国家富强？

当然，追求个人富裕也没错，没有人愿意"箪食瓢饮，在陋巷，不改其乐"（出自《论语·雍也》）。

孔子曾说："贤哉，回也。"（出自《论语·雍也》）这无疑是在赞扬颜回安于清贫，且包含了"不义而富且贵，于我如浮云"的意义。也就是说，富贵并非坏事，我们没必要贬斥，但若只顾自己富裕，而将国家的繁荣兴盛抛诸脑后，那就值得反思了。

如今，人人都只想自己富有，并且形成了社会风气，其实是人格修养不够的表现。如果一个国家树立明确的道德规范，人们都秉持着坚定的信仰立足于社会，那么良好的人格自然会养成，会提升，社会上唯利是图的不正之风也会得到纠正。

我之所以苦口婆心地规劝年轻人一定要注重人格修养，目的也在于此。年轻人有活力，有干劲儿，有上进心，因此也更应严于律己，力争使自己在成为一个刚正不阿、威武不屈之人的同时，不忘为国家、为人民谋福祉。在这个物欲横流的时代，心智尚未成熟的年轻人更容易受到诱惑，所以更需要把持自我，坚持自我。

其实，关于人格修养法，针对信仰不同的人，有不同的人格修养方法。比如，有信仰佛教的，有信仰基督教的，修养之法自然不相同。

从青年时起，我就立志尊孔子为师，且想发扬光大儒学。孔孟之道是我一生行事的准则。所以我认为，重视"忠义孝悌"之道，能够养成健全的人格。简单来说，重视"忠义孝悌"，就是以仁为本，"孝悌也者，其为仁之本欤"，这是为人处世的基本条件。作为一个人，具备"忠义孝悌"是拥有健全人格的基础，也是为人处世中最基本的道义。

在此基础之上，再努力研究智力的开发才最为妥当。如果智力开发不够，就做不到"忠义孝悌"。只有智力开发充分，才能够明辨是非善恶，秉承"忠义孝悌"，为人处世才不会失误，人生的结局才能圆满。

什么样的人生才是成功的呢？人们对此众说纷纭。有人认为是不择手段获得成功，有人认为是积累足够多的财富、获得足够高的地位，其实这都是对成功的误解。当然，我不认可这两种说法。我认为，如果不能以高尚的人格行正义之道，即使取得了不义之财和不匹配的地位，也算不上是真正的成功。

商业无国界

明治三十六年（1903），旧金山学童事件导致日美关系紧张，两国外交也日渐疏远。一些美国人开始排斥日本人，并扬言讨厌日本人。出现这样的局面，是长久以来的积怨所致。

这就如上一年（1902）在旧金山金门公园树立的"禁止日本人游泳"的告示，之后，类似事件接二连三发生。我对美国一直有种特殊的感情，尤其作为实业界一员，基于日美商贸关系密切，我自然对如今的两国关系担忧，并为之东奔西走，力求改善。

事后不久，旧金山的日本侨民便成立了"在美日本人协会"组织，手岛谨尔氏任会长。随即，他特派渡道金藏回日本，请求我帮助他们在国内争取更多民众的支持。我支持他们的事业，故此竭力帮助他们，同时倡导日本民众为此竭诚努力。

顺便，我向渡道金藏谈及明治三十五年（1902）的金门公园见闻，并反复叮嘱他一定要向会长和会员们讲，要避免类似事件重演，更要引以为戒。那一年是明治四十一年（1908）。

同年秋天，美国太平洋沿岸各大商会的不少会员应邀来日本旅游。这个活动是由我们东京商会与相关团体发起的，旨在化解误会，消解矛盾，继而增进两国关系。此次来日本旅游的有旧金山的F·W·杜鲁门、西雅图的J·D·罗、波特兰的O·M·克莱克等人。

在几番会谈中，我就日美关系同他们进行了深入交流与美好展望，并真诚期望能同他们友好合作，进而化解美国人对日本人的误会。同时，我们也对日本侨民在美国的各种陋习进行了批评与指正：由于日本侨民不甚了解美国文化与风俗，因而给美国人造成不良影响；或是日本侨民自以为是，显得难以与当地人友好相处；等等。凡此种种，确实都是日美两国有识之士（尤其是两国商界人士）亟须解决的重要问题。而日本侨民的种种不良风气也应该尽早改正。

当然，如今美国也存在民族偏见与种族歧视现象，尤其是对日本侨民的误会与偏见尤甚。这种现象显然有损美国的良好形象，也有悖美国人所倡导的自由平等原则，这对美国来说也不是好事。何况，把日本介绍给世界的正是美国人。如今的日本人可谓知恩图报，正努力改善两国关系，而美国一些人却因种种偏见，甚至信仰差异而讨厌日本人，这就是美国人的错了。

当时来日本旅游的客人都表示赞同并支持我的观点，他们也十分高兴。

第七章

——算盘与权利——

在日常生活中,人情世故的作用远大于法律法规。若人人都能按人类的生活准则行事,那么这些法律便不会成为我们的束缚。

孔子的权利观念

有观点认为,《论语》缺乏权利观念;也有观点认为,缺乏权利观念的《论语》不能作为一个文明国度的国民信条。我认为,这些观点是误解,是谬论。

的确,从表面上看,《论语》似乎是缺乏权利观念。但若仅凭此就把它和西方的基督教义进行比较的话,无论如何都会显得有失偏颇和肤浅。持此观点的人应该并不了解孔子这个人。孔子同耶稣、释迦牟尼不同,他并不以宗教的思维方式处世。

何况,孔子时代的人做事几乎都是以履行义务为主,并没有什么权利可言。而在2000年后的今天,竟然有人拿孔子思想与大相径庭的基督教义相比(把两种不同概念、属性的东西进行比较),这种想法从开始就是错的,两者有差异,也是必然的。

对此,谨以个人拙见与大家共勉。

难道孔子的儒学真的缺乏权利观念吗?《论语》旨在表达"律己",其中虽也有其他观念,但总的说来,它是讲"应这样""该怎样""做什么",是从一种要求与规范人的角度宣扬"齐家治国"思想。倘若我们能够厉行其道,那么就能使其成为一种和平时代的治国方略。

不难看出,孔子并没有像宗教家那样以宗教的方式来教化信众,但显然也不能因此就说孔子的思想没有教育理念。假如孔子能执政的话,他应该是个能实施仁政的好君主,会大力推行他的富国安民的仁道治国方针。

第七章　算盘与权利

其实，孔子是以一位知识分子的身份出现的。他将知识分子的经世致用之学传授给他的弟子，并耐心细致地解答弟子们的问题。孔子的弟子来自不同阶层，他们的问题自然也是五花八门，有问治国理政的，有问忠孝的，有问学问的，有问礼的。

《论语》实则是孔子与弟子问答的记录，内容涉及政事管理、仁义孝道、文艺礼学等，这就是《论语》二十篇。孔子本人在晚年开始考证《诗经》，注解《书经》，编撰《易经》，修订《春秋》。就如福地樱痴先生所言，孔子在68岁之后的5年里，醉心于传道和编撰六经。

他生活在一个缺乏权利思想的时代，也没有想成为主导人思想的宗教家，因此在他的思想中权利观念不明确，无可厚非。也可以说，他并不是以宗教家的身份传播儒学的，他只是个缺乏权利意识的经世家，这是时代决定的。这就是孔子的思想学说缺乏权利观念的原因。

与此相反的是，基督教建立了一个权利观念浓厚的宗教体系。古代犹太人建立的国家和埃及极其信奉预言家，因此当时的预言者很多。据说从基督的祖先亚伯拉罕开始，到基督出现的近两千年里，出现了摩西、使徒约翰等众多预言者。他们预言世间会有上帝降临，并带领世人推翻君主黑暗腐败的统治。

恰逢此时，基督降临。国王相信了预言者的话，感觉政权受到了威胁，于是下令杀死周边所有的孩子。圣母抱走婴儿基督逃脱，才使基督幸免于难。基督教就是产生于这个充斥着幻想的时代的宗教，故此其教旨是强硬的命令式的，其权利观念十分明显。

此外，不少人觉得孔子在《论语》中宣扬的"仁"与基督教义中所说的"爱"是一致的。实际上，二者之间有着明显的"主动"与"被动"之别：孔子的思想主张是"己所不欲，勿施于人"，而基督教义中所说的"爱"教导的是"己所欲，施于人"。不难看出，孔子的思想强调"义务"，没有权利观念。若非要说两者有什么相似处的话，那么就是两者都要求人要行善事，扬大义。

我以为，若从教义方面看，基督教显然更胜一筹；可若从经世致用方面考量，儒家的教导则更胜一筹。当然，这不过是我的一家之言。我之所以对孔子的儒学如此看重，其实是因为孔子的话很真实，而宗教教义则更偏重于神话。

我们都听过耶稣的故事：他被钉死在十字架上，并在死后的第三天复活了，此处明显是神化了他。虽说优秀的人身上发生奇迹是无从考证的，但我认为对普通人的智力就能识别的事信以为真，这难道不是愚昧的迷信？

如果大家都相信这些无从考证的事的话，那人类的智慧就会暗淡无光，甚至还会相信用砂锅拔罐疗效奇特、一滴水比药品更神奇、烘烤的艾草能治百病等愚蠢之言。如此所带来的危害，不言而喻。

虽然日本被称为文明国家，但至今依然存有各种迷信习俗，如冬天要穿白色的衣服参拜神社、立春前夕撒豆驱除鬼邪等。这些传统风俗常被人讥讽为迷信，可在孔子的思想里就没有这种愚昧的言论。这就是我对他深信不疑的原因，或许也是我对他产生景仰的原因吧！

"当仁不让于师"，这是《论语》中令我记忆最深刻的一句话，而这句话中其实就包含了权利观念。能深悟此话的人应该明白，这句话无疑彰显了孔子的权利思想，只要道理是正确的，即便是对于老师也一定要据理力争，坚持自己的观点。当然并非仅此一句，如果我们能通读《论语》的话，还可以找到很多类似的语句。

金门公园事件

我初到欧洲是在旧幕府时期，那是庆应三年（1867）。我去的是法国，在那儿待了一年左右。期间，我又陆续造访了欧洲其他国家，也了解了它们的一些情况。不过，那时令我感到惋惜的是，未能顺利造访美国。

我初次到美国，是在明治三十五年（1902），但我在少年时就对美国充满了向往。可以说，那个时候我对美国已经有了一定的认识，尤其是在外交方面，因为日本和美国的外交关系向来很稳定。因此一听到美国，我就有种亲切感，像是碰到熟人一样。我初次到美国时不仅万分喜悦，而且有种宾至如归之感。

刚到旧金山，我对那里的人情与事物都十分感兴趣，殊不知，随后发生的一件事彻底改变了我的这种感觉，可谓伤透了我的心。在旧金山金门公园泳池边，我发现一块写有"日本人禁止游泳"的牌子，自此，我对美国有种奇怪的感觉。

针对此事，我询问了日本驻美国旧金山的领事上野季三郎，问他为何会这样。他告诉我，因当初有些来此游泳的日本青年，不时和美国妇女开玩笑，甚至潜到水底和她们嬉闹，还发生了不少恶作剧事件,之后公园就有了这块牌子。

听完他的解释,我感到非常震惊。因某些不良青年的不文明之举致使整个大和民族如此蒙羞,这实在是令人十分痛心的事。若类似事件再发生,极有可能影响两国外交。东西方原本就存有宗教信仰、种族肤色等诸多方面的差异,虽然日美关系有所改善,但远没到水乳交融的程度。

这次事件,着实令人担忧!而这显然不是凭我之力能解决的,分手时,我只能郑重地恳请领事务必要重视此事。

时至明治三十五年(1902)6月初,我途经芝加哥、纽约、波士顿、费城,到华盛顿拜见了美国总统罗斯福,还有幸见到了哈里曼、洛克菲勒、谢尔曼等美国著名人物。我与罗斯福初次会晤的时候,他说了不少对日本军队与美术的赞美之辞。

罗斯福说日本将士骁勇善战,不仅有强烈的爱国精神,而且纪律严明、团结友爱。他还赞美了日本的美术,他认为日本美术有种堪称一绝的神韵。对此,我坦诚回应:"我不是军人,也不是艺术家,对军事与艺术更是一窍不通。虽然阁下对日本的军事与艺术给予了如此盛赞,但我更希望下次与您见面时,能听到您对日本工商业的高度评价。我虽能力有限,但我正努力带领着国民在这方面不断努力。"

听了我的话,罗斯福解释说:"我并无任何轻视日本工商业的意思,只是相比较之下,日本的军事与艺术方面的影响较大,因此见到日本人士时,我首先会对日本这两方面称赞一番。若我的表达不恰当,请多多见谅。"

我回应道:"您放心,并没有不恰当,对于您如此赞扬日本的军事与艺术，我感到很自豪。只是我坦率地告诉您，我们一定要让工商业成为日本第三个容易被人想到的优点，并且我们一直为此而努力着。"之后，我又去美国各地会见了很多知名人士。可以说，我度过了一次愉快而难忘的美国之旅。

唯有仁义

我认为，很多社会问题和劳动问题都不是简单地靠法律就能解决的。就像在一个家族里，父子、兄弟及亲属都有各自要享受的权利和要履行的义务，若事事都用法律手段解决的话，长此以往，彼此之间的亲情只会变得愈加淡薄，进而引发一系列不可调和的矛盾，继而使家庭和睦成为一种奢望。

我觉得富豪与贫民之间也有类似情况。资本家和工人之间原本已经形成了类似于家族成员间的那种相互依赖的微妙关系，然而，法律的突然出现，打破了这种平衡。这看似是好事，殊不知，法律的实施效果未必能达到政府的预期。

本来，资本家与工人之间的关系是在长年的工作与合作中建立起的微妙平衡关系，很难用语言表达，然而法律明文规定了他们的权利与义务，倘若双方都只强调自己的权利的话，势必使彼此的关系疏远。政府努力实施的法律，结果却事与愿违。如此现象与结果，我们不应该反思且深入研究吗？

不妨说下我的理想：有法律固然好，但绝不是因为有了法律条文，双方就不分情况地事事都依据法律条文维护自己所谓的权利，因为权利与义务是相辅相成的。因此，双方在实践中都应该尽可能规避这种一味地运用法律条文解决现实中一切问题的思维方式。

在日常生活中，人情世故的作用远大于法律法规。若人人都能按人类的生活准则行事，那么这些法律便不会成为我们的束缚。换句话说，如果所有人都以诚相待、各取所需、互相体谅，那么真正的和谐便能实现。若权利和义务真如前面所说，不但起不到制约犯罪的效果，还将致使人与人之间的关系疏远，那么法律又有什么作用呢？

早年，我在欧美各地旅游时，曾目睹德国的"克虏伯"公司和美国波士顿的"沃尔萨姆"钟表公司的工作情况。那里的工作氛围是极好的，组织成员间关系非常好，老板很重视同基层员工的交流，这让我十分惊叹。这就是我所提倡的理想企业状态，果真这样的话，法律几乎形同虚设。倘若能达到如此境界，劳资纠纷也就不是问题了。

然而，事实上，这个问题并未得到社会各界的广泛关注，人们只是企图强制消除贫富差距，殊不知，有这种想法的人根本未能意识到贫富差距是无法也不可能绝对消除的。因为贫富无论在任何时候都是存在的，只是程度有所不同而已。虽然每个人都想成为有钱人，但事实是每个人的资质和能力天生就有所不同，因此，人们不可能做到一样富足。所以说，财富平均分配的说法是不成熟的，甚至可以说是空想。

人们觉得是富人造成了贫富差距，从而对富人产生排斥心理。如果每个人都这样想，那么国家怎么可能繁荣昌盛呢？个人富裕就是国家富裕，每个人都应该努力成为富人，然而也不能只想着自己富足，还应带动周围的人一起走向富裕。

因为贫富差距历来有之，无法消除。因此，所有人都要为国家、为自己的富足不断努力。有了这种想法，人们才会尽其所能地努力工作。唯有如此，社会关系及不同阶层间的关系才会日渐和谐，这才是有识之士应该重视且不能松懈之处。

倘若只把结果看成是自然趋势，或是人类社会发展的自然规律，而不加以注意的话，那么势必会造成不可预知的严重后果，其实，这种后果也是一种自然趋势。因此，我殷切希望同仁们要防患于未然，大力倡导以仁义治天下。

竞争与商道

作为实业界的一员，我反复强调要遵守商业道德，尤其是从事商贸的人。听起来好像只有商人及实业界人士才需要遵守商业道德，实则不然。道德是所有人都应遵循的社会行为规范。商人有商人的道德标准，武士有武士的道德标准，政治家也有他们的道德标准。而这种道德的标准不会因为你的身份尊卑和职位的高低而有所不同。

这是人立于世的处世之道，每个人都理应遵守。孔子说："孝悌也者，其为仁之本与！"（出自《论语·学而》）这句话的意思是，道德起始于孝悌，然后日渐发展成为仁义，最后逐渐升级到忠恕，这些便是我们传统意义上所说的道德。

商业上强调的商业道德并非我们传统意义上所讲的人道，而是指商业竞争方面的道德。一直以来，我都想为商业领域制定一套严格的协议或约定，并非只是为了使生产的发展规范化，更希望能为商业界营造一个良好的竞争环境。竞争环境良好，整个业界才能朝更好的方向发展。

商业竞争一般有两种：善意的竞争和恶意的竞争。善意的竞争指的是通过自己的努力不断超越同行，从而获得自己的竞争优势。例如每天都比别人做事多且认真踏实，这就是一种善意竞争。反之，看到别人比自己好心里就不舒服，于是暗地里搞破坏、干扰别人，或者为了抢占市场份额恶意打压同行，这些都属于恶意竞争。

按照性质与属性，可以把竞争简单地分为善意与恶意，但社会上的行业五花八门，因而竞争可以更加具体地细分下去。而在此细分的过程中，却往往出现表象与内涵完全不同的竞争。比如，表面看上去是善意的竞争，实则却是恶性竞争，当然，这样的竞争更多时候会给同行造成损失，甚至会殃及国家。事情若真发展到那种地步，其弊端就太严重了。因此，我规劝大家一句：这类恶意竞争非但损人不利己，还会让国家蒙受耻辱，同时也会贬损各位在业界的声誉。

那么，我们应该如何妥善经营呢？总的来说便是努力从事善意竞争，尽量避免恶意竞争。这里所说的避免恶意竞争指的是同行之间一定要互相遵守商业道德，切不可为了蝇头小利而互相残杀。即便是未曾读过《圣经》，或是背不出《论语》也没关系，因为在为人处事中，任何人都知道如何做到适可而止。

其实，道德并不是那么高不可攀，也没必要把道德看得那么高尚。若只是把道德看作东方人固有的标签，那么它最多只是一种文字符号，就像茶道仪式中的繁文缛节，最终只能沦为挂在嘴边的口号。于是，便出现了讲道德和履行道德两种截然不同的人，如此现象确实让人悲哀。

其实，我们每个人的道德水准都展现在我们平时的生活中，如遵时守约、礼貌谦让等。

当然，在特殊情况下能够帮助他人，或者遇事能行侠义之举，这都是拥有道德心的体现。所以，道德是我们每个人生活与工作中不可或缺的重要品质。其实，做到有道德并不像人们说得那样难，也不像人们想象得那样容易。

说到商业道德，便有必要说说商业竞争里的恶意竞争和善意竞争了。带有攻击性且损害他人利益的竞争，都是恶意竞争。反之，能对行业内的竞争产生促进和催化作用的竞争便是善意竞争。不管双方处于何种立场，其实都可以凭自己的良心辨别清楚。

总之，干一行，就必须深入了解自己的行业，精益求精，不断创新，积极进取；同时还要遵守行业内的职业道德，坚决避免恶意竞争。

合理经营

在如今的实业界，有些董事无能且缺德，他们将股东们的金钱视为自己的私有财产，肆意挥霍，甚至以权谋私。久而久之，公司内部就会形成忠奸难分、黑白颠倒、阴谋与诡计共生的混乱局面。这对实业界来说实在是一种悲哀。

商业相对于政治来说，本来就应该更加透明。当然，由于银行业的特殊性，商业秘密还是应该有的，比如某家公司贷了多少款、抵押物是什么等，对此，银行有义务保密。而对于其他生意来说，当然要做到诚实经营，但对于商品的进价、卖价、利润等，也没必要特意去告诉别人。

总之，只要竞争手段是正当且合理的，就不会被认为是不讲道德的行为。另外，千万不能无中生有、弄虚作假。一家做正当生意的公司，本就不该有什么不可告人的秘密。但现实情况如何呢？一些公司刻意隐瞒不是秘密的秘密，而真正应该保守的秘密却被某些人用来谋私。出现这种情况，我断定与公司所用非人脱不了干系。照此看来，只要用对合适的管理者，这种问题似乎就可以解决了，但事实并非如此，因为这个祸根并不是轻易就能被铲除的。何况，要真正做到人尽其才，也并非易事。

因此，现实社会中有越来越多没有管理能力之人身居高位、无所作为、混天度日，只是挂个虚名，这种人只能算是挂名董事。他们得过且过的状态倒是不会给公司带来多大问题。还有一种"老好人"型董事，他们既没有能力判断属下称职与否，也缺乏必要的财务管理能力，结果不知不觉中听任属下胡作非为。这虽然不是他本人的错，却很可能让公司陷入无法挽回的困境。挂名董事和"老好人"型董事都不是故意要做有损公司的事，但后者的危害要远大于前者。

还有一类人，他们担任董事比以上两种人危害更大。他们只想把公司作为自己高升的跳板，企图从中捞取好处。他们为了一己私利不择手段，比如，为了提高公司股价虚报公司利润，并进行虚假分红；或者虚报并未支付的股金蒙蔽股东。他们犯下的罪行简直令人无法容忍。

当然，这种人的手段还不止于此，更有甚者拿公司的钱去炒股，或者干脆转到自己名下的公司使用。能做到这种地步的人，我们也只能称其为强盗了。他们能做出这种种恶行，根本原因是缺乏道德修养。如果他们能诚恳地坚守自己的事业，想必就不会做那些损人利己的事了。

我在经营事业的时候，一向忠于职守，总想着对国家有所贡献，所以即便是毫不起眼、盈利微薄的事业，只要这些事业有利于国家，并且经营合理，我都非常乐意去做。这其实也是我把《论语》奉为"经商圣经"的原因。我恪守孔子儒学之道，并由此形成我的经营理念：要以多数人的利益为重，而不是个人私利；要将利益分配给多数人，如此我们的事业才能立足，继而繁荣昌盛。

我还记得福泽翁说过一句话："著书立说，如果不能让大多数人读懂，那么其作用也就微乎其微。"所以，写书的人一定要牢记，书之意旨一定要有利于国家和社会，而不是单纯有利于个人。

实业界自然也是同样的道理。如果你经营的事业不能给国家和社会带来好处，那就无法称其为正当的事业。倘若有人因经营事业获得巨额财富，成为大富翁，但却使很多人陷入贫困，那么能说他的事业是正当的吗？姑且不论他多么富有，就说他的幸福能长久吗？因此，我们的经营之道，应以为国家和社会带来更多财富为根本。

第八章

——实业与士道——

  财富是人的正常欲望，可是对于原本就缺乏道德观念的人来说，一开始就向其灌输功利主义思想，无异于火上浇油，只会使火愈烧愈旺，其负面影响也不言而喻。

武士道即实业道

　　武士道之精髓就是正义、廉直、侠义、礼让、担当等崇高的品质，其具体内容则是复杂的道德体系。令我深感遗憾的是，这种代表日本美德的武士道，自古以来仅限于士大夫及其以上的阶层学习，而商业界的生意人十分缺乏这种品质与风范。

　　自古以来，商界人士对武士道的内涵就有所误解，认为如果一个人拥有武士道风范的话，就做不好生意了。武士即便十分清贫，也依然要保持清高的姿态，这对商人来讲，简直不可思议。虽然这是时代的产物，但是就如同士大夫需要武士道一样，商界人士也需要，有无武士道精神同赚钱与否并无多大关系。

　　我倒觉得，"商界人士不需要武士道精神"的观点简直错误至极。在封建时代，武士道与生意经被看成是截然不同的两种观念，就连朱子儒学都认为"仁义与富贵"不能兼顾。其实，中日两国当时的这种观念都是极为偏颇的，好在当今社会已意识到这个问题。

　　孔子说："富与贵，是人之所欲也，不以其道得之，不处也。贫与贱，是人之所恶也，不以其道得之，不去也。"这句话正好诠释了武士道的精髓"正义、廉直、侠义、礼让、担当"。孔子认为，贤者能安于贫贱的生活而不改其道，正如一个武士在战场上遇到强敌也勇往直前一样。

　　如果商人缺乏孔子所讲的这种精神，即便能获得财富也很难泰然处之。而日本的武士道也包含类似的内容，假若不是合理获

第八章　实业与士道

得的财富，他们分毫也不会据为己有。这显然就是儒学思想与武士道的契合之处。我们可以这样认为，即使是圣人也是期望富贵而不想要贫贱的，只不过圣人更看重道义，而把贫贱富贵视为次要而已。遗憾的是，以前商人的所作所为与此完全相反，因而让后人产生了误解。

因此我认为，武士道不应局限于学者或武士群体，作为一个文明国家的工商业者也应领会其精髓，厉行其道。在西方工商界，商人们相互间尊重他们彼此签订的契约，一旦双方契约确立，哪怕这个契约有损自己的利益，也必须按约履行，不能失去信誉。而这种坚定的契约精神，无疑源自他们的道德观念。

然而，时下的日本工商界却仍存在一些旧时陋习，有些人为了一点蝇头小利就忘记经商之本，无视道德观念。不得不说，这是非常令人痛心的事。因为这些没有道德的日本商人的所作所为，使欧美商人时常指责日本人，在与日本人做生意时自然就不太相信日本人了。

因此，忘记为人处世的本分，或用不正当手段满足一己私欲，或谄媚权势以求取富贵，这些都是和人的行为准则背道而驰的。这样做不仅无法使我们安身立命，而且会使我们赢得的财富与权势无法长久。我们要怀有这样的心态面对生活与工作：不分职位高低，不分身份贵贱，始终都要恪守原则，勤勉不懈，坚定不移地做好本职工作，为自己创造财富，这样才能过上有意义且有价值的生活。

只有日本的工商业界朋友们都领悟且厉行这种武士道精神，日本的工商业才可能与世界上其他国家一争高下。

以相爱忠恕之道交往

自古以来，中日两国就有着同文同种的关系。中日两国地理位置相邻，交流历史久远，而且在思想信仰、风俗习惯、兴趣爱好等方面有很多相似之处，所以两国应该建立友好合作、互惠共赢的商业关系。但是，应该如何建立这种合作关系呢？其实无他，我认为只要秉持孔子"己所不欲，勿施于人"的精神，以相爱忠恕之道交往即可。而这种思想，在《论语》第一章就已阐明。

我历来认为，商业活动的真正目的是各取所需，互通有无，互利互惠。商业活动也要有道德做基础，只有这样，合作双方才能达到彼此真正的目的。因此，日本与中国进行商业合作时，要怀着忠恕之心，既要谋求本国的利益，也要让中国得到利益。只有这样做，日本与中国的商业合作才能顺利进行。

我们非常有必要在中国开拓事业，至于合作方式，我认为最理想的是两国合资办企业。当然，两国不仅在商业领域可以这样合作，在其他领域也可以。由此，中日之间在经济方面的合作会更加紧密，也能实现双方互惠互利的合作目的。同我有关系的中日实业公司，就是基于此创立的，我对其寄予厚望。

通过阅读史书可知，我们敬重的中国自夏、商以来，到周朝，文化最为发达，华夏文明创造了一个光辉灿烂的时代。至于科技方面，我们可以通过史书中关于天文方面的记录了解到，虽然当时的很多知识并未被人们认可，但如果将其与现在相比，还是会让人有种今不如昔的感觉。之后的两汉、六朝、唐朝、五代以至宋、元、明、清的历史，有二十一史记载。历朝历代都出现过伟大的人物，如北抗匈奴、修筑了万里长城的秦始皇，开通京杭大运河的隋炀帝。姑且不论当初修建这些浩大工程的目的何在，仅看这些伟大工程对后世发展的影响及意义，就是今人无法比肩的。中国古代的灿烂文明，由此可见一斑。

大正三年（1914）春天，我踏上了中国的土地，四处考察民情。原来我脑海中的中国就像是一幅精致巧妙的美人画，但我实际看到的情况却令我十分失望。可能是因为期望越高失望越大吧。更令我没想到的是，身为日本人，我居然在儒学的发源地中国到处讲述我理解的《论语》，这也算是奇观了。

中国之行我感触最深的是，这里有上流社会群体，也有在底层生活的民众，却没有真正意义上作为国家中坚力量的中产阶层。另外，这个国度虽然不乏卓越的人才，但整体来看人民似乎利己心强，个人意识也过于强烈，国家意识淡薄。

上述两点我认为是如今中国最大的问题。

征服自然

随着人类文明的进步，人类的智慧已经可以与大自然相抗衡。在海上、陆地上，如今已开辟出许多便利的交通要道，缩短了各地之间的距离，这确实是值得自豪的成就。

中国自古就有天圆地方之说，中国古人不仅把我们生活的地球想象成方形的，而且不承认在本国之外还有其他国家存在。在很长一段时间里，日本深受这种思想影响，说起外国，日本人只知道中国和印度，根本不知道什么是世界，更不用说几大洲和几大洋了。现在回想起来，我儿时听过的一个童话里说，大鹏展翅飞出3000里，但仍看不到世界的尽头，由此可见日本人对世界的认知。

既然世界如此之大，那么凭借我们的智慧确实无法探其究竟。然而，随着人类文明的进步，交通工具的发达，地球似乎越来越小了，在近半个世纪，这种进步让人恍如隔世。

1867年，拿破仑三世在世时，法国巴黎举办了万国博览会，德川幕府派将军的弟弟德川民部大辅前去参加，我是随行人员之一。我们一行人从横滨乘法国邮轮经印度洋、红海，到达苏伊士海峡。因为当时法国人雷赛布正在开凿苏伊士运河，所以我们弃船改乘火车继续前进。我们乘火车横穿埃及，经过开罗，抵达亚历山大；之后乘船渡过地中海。我们从横滨出发，历经55天，终于抵达法国的马赛。

第二年冬天我们返程时，途经苏伊士海峡，那里的运河开凿工程还未竣工。直到1869年，苏伊士运河才通航。从此，不仅各国的舰船通行无阻，欧亚两洲之间的海上交通也有了全新的局面，两洲间的贸易、航海、军事、外交等也随之开始新一轮的大变革。

与此同时，各国的舰船也越造越大，速度自然也大幅提升。大西洋自不必说，连临太平洋各国的距离也随之"拉近"了，加之横贯西伯利亚的铁路也竣工了，欧亚大陆之间的交通使东西方的联系进入一个新纪元，"天涯若比邻"成为现实。

然而，令人遗憾的是，美洲大陆中部有条带状地峡，像蜿蜒盘旋的巨蛇一样隔开了大西洋和太平洋。为了解决这个难题，雷赛布等人虽付出巨大的努力，但终因种种原因未能成功。本以为此事就此终结，没想到美国凭借其雄厚实力完成了巴拿马运河的开凿，使得南北之水贯通，东西半球相连。

古人说"寿则多辱"，但近半个世纪水陆交通越来越发达，与之前有天壤之别，如此一来，我认为这句话在太平盛世应该改成"多寿多福"。

向舶来品说不

就像有识之士所说，我们的国民在思想上应摒弃一种陋习，即认为舶来品都是好的。我们不用排斥舶来品，但也不必因此而鄙视国货。遗憾的是，偏爱舶来品的风潮已经席卷全国。

究其原因，皆因日本近代很多东西来自欧美。之前很多人对这种欧化思想烦恼不已，如今这种思想又呈现在对舶来品的偏爱上。明治维新以来已经半个世纪，日本如今也取得长足发展，可国人何时才能从醉心欧美的梦中醒来呢？鄙视国货的浅薄见识要持续到什么时候呢？只要贴上外国的商标，一块普通的肥皂可以瞬间被抢光；不喝外国的威士忌，会怕别人说自己是乡巴佬。如果再这样下去，我们国家的尊严何在？民族自豪感何在？日本国民是时候醒悟了。从现在，从此刻开始，应与崇拜欧美的时代告别，向舶来品说不。唯有此，我们才能创造出属于自己的民族品牌。

然而,这与互通有无的经济原则并不矛盾,我也没有鼓吹排外思想的意思,凡事有得必有失。几年前,天皇颁布了戊申诏书,当时很多人认为这是极其不合理的消极主义思想,甚至有人将其全盘否定,认为奖励国货的宣传也是消极的、排外的。这不仅让诏书的发起人和实施者感到困惑,甚至可能给国家带来损失。互通有无的经济原则已经存在几千年了,如果违背这一原则,就别指望在经济方面有所发展。

从一个县来说,佐渡县产金,越后县产米;从一个地区来说,台湾产砂糖,日本关东产丝。扩大到世界范围内来看,美国的小麦、印度的棉花等,都是由于地理条件不同,才造就了不同国家的特产各不相同。我们食用他们的面粉制作的食品,购买他们的棉花;但同时,又要将我们的生丝、棉纱卖给他们。然而,有一点十分重要,那就是我们一定要生产符合本国国情的产品,不要买不符合本国国情的产品。

另外,我们有必要创立一个奖励国货的协会,并将奖励落到实处,不能只喊口号。但由于要采取组织的形式,我们必须着手准备实际的奖励,目前只是发行了会报,还没有什么具体的决定。之后,我们应根据章程,进行国内工商行业的调查研究、举行产品听证会、举办演讲宣传会、公开回应一些质疑、实施出口奖励制度等。这些都对国家工商业的发展大有裨益。事业的成功取决于每个人的能力,希望大家都能为奖励国货协会尽心尽力。

与此同时,我也想向当局者提点建议,虽然我们应该加大奖励措施,但要注意不能进行不合理的奖励,也不应奖励错对象,否则将事与愿违，把保护变成束缚和干涉。因此，我希望大家在进行商品介绍和宣传时抛弃私利，以国家和民族为重，恪守公平公正的原则。

再有，我也知道，肯定会有人借奖励国货之机，粗制滥造一些没用的东西欺骗民众，牟取暴利，此举无疑会严重阻碍我国经济的发展，是万万不可的。

提高效率的方法

一提到提高效率，我便自惭形秽，可能大家也有同感吧。一件事如果处理或安排不当的话，不仅浪费时间，也达不到预期效果。所以，大家在处理日常工作时要特别注意，否则很容易工作效率低下。似乎"工作效率低"只是针对工人说的，但其实不是这样。如果处理事务的人能充分利用时间，就能按时完成工作任务。也就是说，不用增加人数，就能完成更多工作，这就是提高效率了。

当然，这只是我的想法。大家的工作效率是怎样的呢？一天工作几个小时？能否高效率工作？一天的工作量是否可以精确分配到每时每刻？有时，我们明明可以很快完成的工作，却花了三倍的时间，结果一事无成。

对于如何提高效率这个问题，有个叫泰勒的人曾著书立说；还有一个叫池田藤四郎的日本人也在杂志上介绍过自己提高效率的办法。我曾在美国费城受到沃纳梅克的接待，他对时间的安排和利用让我十分佩服。他能在很短的时间里完成很多工作,当天的工作当天完成,让人敬佩。

沃纳梅克接待我时,我以为他会谈有关工厂与工人的事,孰料他没谈,我们只是一整天都在一起。事实上,我并没有发现沃纳梅克的接待有何特别之处。他对我的安排如下:

我从匹兹堡乘火车,在下午5:40抵达费城;然后转乘汽车,在6:00之前到达他的商店——先不去旅馆,直接去他的商店。

我按照他的安排,一到费城就乘汽车前往他的商店,在6:02或6:03到达,这时他已在店中等候。他马上陪我参观,我们先粗略看了看商店的情况——那是一家商品繁多的大商店,入口处竖立着两面很大的两国国旗,配有漂亮的彩灯。那时,大部分顾客还没有离开,像是偶然遇上了大剧院散戏时的场面。我在主人的陪同下边走边看店内的陈设,然后乘电梯上二楼,参观了非常干净的厨房——一间为贵宾烹调菜肴,一间为普通客人烹调菜肴;还顺便了解了厨师的情况。

我们接下来参观的是会议室,是店内人员商议机密的地方,能容纳四五千人,之后我们又参观了员工培训的场所。整个参观大约花了1小时,7:00左右参观结束。我回旅店前,沃纳梅克说要在第二天早上8:45之前拜访我,问我是否能用完早餐,我说没问题。

第二天,他如约而至,开门见山地说:"有很多话题,可能要长谈,有问题吗?"我说:"没问题。"他从创办星期日学校谈起,谈到我的身世等问题。总之,我们的谈话很深入,也比较投机,比预计时间多谈了1个小时。他起身说:"午饭时间要到了,我先回去，下午 2:00 我再过来，您准备好。"

　　下午2:00，他准时到来。他说要陪我参观星期日学校的礼堂，至于这个礼堂是不是他出资兴建的我不得而知。不过，这确实是个很壮观的礼堂，能容纳近2000人。我到那里时，已经有很多会员到了。他告诉我，这里平时也是这么多人，并不是因为我的到来特意安排的。牧师讲解了《圣经》，然后他们集体唱赞美歌，沃纳梅克在演讲中介绍了我，并请我谈谈感想。于是，我谈了对星期日学校的感想。令我尴尬的是，沃纳梅克郑重邀请我加入基督教，放弃儒教，这出乎我的预料，也让我十分为难，一时不知如何回答。

　　这边一结束，我们立刻赶去旁边的"妇女《圣经》研究会"。接着又去了距离这里几百米远的工人研究《圣经》的地方。他热情地向工人介绍："这位是从东方来的老人，大家都来跟他握握手吧。"随即，有400多人上来与我握手，我的手都被握疼了。大约 5:30，他跟我一起回了旅馆，因为他 6:00 要去乡下。

　　临别时，他说希望能再见一面并问我几号到纽约。我说："30号到，直到下个月 4 号离开。"他说："我 2 号有事去纽约，到时我们再见一面吧。"我问："几点合适呢？"他说："我 2 号下午 3:00 必须离开。"我说："那就 2:00 到 3:00 之间，我去你在的纽约商店找你吧。"

　　2 号下午 2:30 之后，我想，我可能有些晚了。于是，我急急忙忙赶过去。我一到那里，他就说："能再见到您，我很高兴。"我说："我也很高兴。"他又说："原本我想宴请您，可时间来不及了，只好送您几本书。"他送给我《林肯传》《格兰特传》，还有其他几本书。他还谈了一下两本传记中两位伟大人物的崇高人格。他说他曾担任过格兰特将军欢迎会的委员长。

他把时间安排得如此紧凑、巧妙,丝毫没有浪费。同时,他讲话也十分得体。如果我们也能像他这样合理且高效地安排时间,是不是就能既不浪费他人的时间也不浪费自己的时间了呢?

责任在谁

人们时常说,明治维新之后日本商人的道德水准非但没有随着文明的进步而提升,反而大不如前了。我对此深感疑惑,不知道人们这么说的理由是什么。假如把从前的工商业者同现在的工商业者相比,要说谁的道德观念更强,谁更注重商业信誉,我敢说,现在的工商业者要比过去的工商业者好得多。

只不过,现在工商业者的道德水准并没有达到其他事物的进步程度而已。关于这一点,我在前面说过。我并不是要反驳人们的说法,只是想探索产生这种说法的原因,并且使商业道德尽快提高到与物质水平相匹配的程度。之前我也说过,只要把商业道德放在第一位,在日常经营中稍加注意就可以了,并不需要什么特别的工夫与方法。

明治维新以来,日本的物质文明得到了快速发展,可道德水准却没有与之同步发展。这种物质文明与道德水准不相称的现象,被认为是商业道德退步了。从这点考虑,提升道德修养,使之与物质文明相匹配已经迫在眉睫。

可是，从另一个角度考虑，如果看到外国的风俗习惯，就想照搬到自己的国家，那也不是件容易事。不同的国家有不同的道德观念，我们要仔细观察不同国家是如何产生这样的风俗习惯的，深刻体会祖先留下的传统，继而培养适合我们国家和社会的道德观念。

举例来说，"父召无诺；君命召不俟驾。"这也是日本人对君父的道德观念。这句话的意思是，父亲召唤，来不及应诺就起身；君主召唤，不等马车驾好就走。这是日本人自古以来养成的习惯，而这与西方人所推崇的个人主义有本质不同。西方人注重的是契约精神，而日本人认为，在君父面前就算牺牲个人也在所不惜。因此，西方人在称赞日本人忠君爱国的同时，也批判日本人没有契约精神。这就是不同国家有不同习性使然。因此，不弄清原因就认为日本人道德退步、没有契约精神，我认为是没道理、也有失公允的。

我这样说，并不是我认为日本人现在的商业道德水准已经很高了。客观地讲，近来有些工商业者的道德观念淡薄，甚至可以说自私至极。作为日本商人，我们对这样的现状应该多加注意，有则改之，无则加勉。

摈弃功利主义

以大和魂和武士道闻名的日本，工商业者却被认为缺乏道德观念，这实在是很可悲。我认为这是传统教育的弊端导致的，但我不是史学家,也不是学者,没有对此追根溯源的能力,我只能表明我的看法。

孔子说:"民可使由之,不可使知之。"这也是朱子学派的儒教主张。在明治维新前,掌握着文教大权的林家一派的学说将这一主张进一步发扬光大。他们把属于被统治阶级的农、工、商阶层置于道德规范之外,而这也使农、工、商阶层自认为不必接受道德的约束。

林家学派的宗师朱子虽是个大学者,却也是个口说躬行仁义道德,实则并不真正践行此道之人。林家学派继其传统自然也是如此,主张儒者只讲述圣人的学说,普通人则只能被动服从。也就是说,说的人和做的人是不一样的,结果导致孔孟学说中的"民",即被统治阶级,只能唯命是从,渐渐产生奴性,认为只要把上级交代的事情做好即可,仁义道德是统治阶级需要考虑的。农民只要好好耕种政府分配的田地就好,商人只要拨好自己的算盘就好。久而久之,便习惯成自然了,这样的人又怎么会讲道德、爱国家呢?

正如"入鲍鱼之肆,久而不闻其臭",几百年来养成的这种坏习气,已经把日本的工、农、商人驯化成了"不知恶臭"的人。如此环境中,想要教化他们成为有道德的正人君子,显然不是件容易事;加之欧美新文明乘机渗透,向他们灌输功利主义思想,自然更助长了这种一恶习。

欧美的伦理学很发达,且对个人品行的要求也很高;但是,他们的出发点是宗教,与日本的民情并不相同。因而,最受欢迎、最有影响力的不是道德观念,而是在生产致富方面有立竿见

第八章　实业与士道

影效果的科学知识，也就是功利主义学说。

　　财富是人的正常欲望，可是对于原本就缺乏道德观念的人来说，一开始就向其灌输功利主义思想，无异于火上浇油，只会使火越烧越旺，其负面影响不言而喻。

　　时下，日本也有不少出身卑微但经过艰苦努力终于获得财富，甚至声名显赫之人。然而，这些人是否都恪守仁义道德，走正道、守公德，做事无愧于心呢？作为实业家，为了发展与自己有关的公司、银行等不分昼夜地劳碌，确实很了不起，对股东也算是忠诚。但是，如果这样做的目的仅仅是为了谋取私利，增加股东的分红也仅仅是为了充实自己的小金库，那么他也会为了私利使公司、银行破产，股东亏损的。孟子所说的"不夺不餍"就是这个意思。

　　还有那些为富商巨贾工作的人，明面上，他们为自己的主家尽忠职守，但实际上他们这种忠义的本质是为了自己的私利，因为主家富了他们自然也会富。虽然作为管家并不光荣，但如果这份工作的收入比一般的企业家还好高，那么他们是很乐意去做的。所以，看似忠诚的态度归根到底也是利益使然。所以，像这种"忠诚"同样不会被纳入道德的范畴。

　　然而，现实中人们常把这种人称为成功者，对其十分羡慕且大加赞赏，很多年轻人也视其为人生目标或榜样。如今这种坏风气不可阻挡。那是不是说所有从商者都是这种缺乏道德的可耻之徒呢？孟子说："人性，善也。"孟子认为每个人都有善恶之心，商界中也有有识之士对日本工商业者缺乏道德颇感忧虑，并正努力谋求拯救之策。可是，对于数百年积累的陋习，再加之功利主义思想盛行，我们很难在一朝一夕改变现状。

虽然这件事很难，但我们不能坐视不理。如果我们放任自流，无异于让无根之木长叶，让无干之树开花，那么无论是想积累国本，还是想扩大商权，都将无从谈起。

商业道德的精髓对国家乃至世界都有巨大影响，所以我们必须最大限度发挥信用的作用。唯有此，才能使日本的工商业者都把信誉与商德作为商业发展之本，这才是当下的重中之重。

对竞争的误解

众所周知，我们身边的很多事情都存在竞争，竞技性的竞争如赛马、划龙舟等，常见的竞争如谁起床早、谁看的书多、谁看书速度快等。

同样，道德也有竞争，德高望重的人会受到后辈的尊敬，只是道德的竞争不那么激烈。赛马和划龙舟，会给人努力拼搏的感觉。同理，增加个人财富的竞争也很激烈，最极端的做法就是为了财富把道德抛之脑后，甚至为达目的不择手段，连累同事、打击他人、麻痹自己。

亚里士多德曾说"所有的商业皆是罪恶"，但那是文明尚未开化的时代，即便是大哲学家的话也不能全盘接受。这与孟子所说的"为富不仁，为仁不富"意思差不多。

之所以会出现误解这些大道理的现象，我认为是人们的习性使然。元和元年（1615），丰臣秀吉的后人灭亡，德川家康一统

第八章 实业与士道

天下后，就以修身、齐家、治国、平天下为幕府的治国方针。

在此之前，日本已经接触过中国和西方国家的一些思想，但因为少数基督教教徒对日本心怀不轨，加之荷兰那边的书信中也有这种倾向，导致日本认为宗教有可能颠覆国家政权，于是除长崎局部地区外，其他地区都断绝了与外国的来往。德川家康虽然用武力统一了日本，但治国方针却是儒家思想。因此，武士阶层也要学习儒家的仁义孝悌忠信之道。

也就是说，以仁义道德为统治手段的人与生产劳动是没有任何关系的，这就有了"为仁者不富，为富者不仁"的说法。也可以这样理解：统治阶层只是消费者，生产劳动与他们的身份不符。因此，属于统治阶层的武士宁愿忍饥挨饿，也不会放下体面去劳动。这种风尚流传至今。而武士们自然也明白：统治阶层是被人养的，既食他人之食就要为他人去死；乐他人之乐则忧他人之忧，这是他们的本分。

靠生产劳动谋生的人与仁义道德无关，所以做生意被认为是罪恶的，这种思想流传了300年。刚开始时，或许很容易扭转局面，但后来因为闭关政策，人们也逐渐习惯了，也就没有人再去理会这些了。武士道精神也逐渐颓废，商人日渐卑微，也变得更加奸诈虚伪。

第九章

——教育与情操——

我认为,既然要为人师表,就应反躬自省,谨慎行事,这样才能不辱使命;既然作为学生,就应该尊敬老师,努力培养与老师的情谊。

真正的孝顺

关于孝道,《论语·为政》中有:"孟武伯问孝。子曰:'父母唯其疾之忧。'"还有:"子游问孝。子曰:'今之孝者,是谓能养。至于犬马,皆能有养;不敬,何以别乎?'"

除此之外,《论语》还有多处提到孝。倘若父母强制子女行孝,不仅无法达到目的,还会适得其反。我也有几个不孝儿女,他们日后会怎么样,我不知道。对于他们,我偶尔会告诉他们"父母唯其疾之忧",但绝不勉强他们尽孝。如果父母只按自己的想法让子女行孝,那么孩子可能会成为孝子,但也有可能会成为不孝子。

如果父母认为不按自己想法成长的子女就是不孝,那就大错特错了。若仅从子女是否能供养父母这一点来看,马、狗之类的家畜也能做到。可见,子女行孝并不简单。其实,子女不按父母的意愿行事,不经常在父母身边,不一定就是不孝。我这么说好像有自我吹嘘之嫌,但因为这是事实,我才敢大胆讲。在我23岁时,我的父亲对我说:"我从你18岁时开始观察你,发现你确实与我不同。你书读得好,做事也比我灵活。虽然我想把你留在身边,但我明白这样反倒会使你成为不孝子。因此,我以后不会要求你按我的意愿行事,一切就随你吧。"

确如父亲所言,那时若从文字水平来看,说句冒犯的话,或许我已经超过了父亲。其他方面,我似乎也比父亲更加优秀。假如当时父亲强迫我按照他的意愿行事,认为那才是孝,那么我可能会反抗他，进而成为不孝子。

幸运的是，父亲没有这样要求我；而我虽然并未尽多少孝，但也没有成为不孝子。这就是父亲态度开明，不强迫我尽孝，让我按自己的意愿发展的结果。真正的孝顺并不是父母强迫子女尽孝，而是父母影响孩子，让子女自愿尽孝。

父亲以开明的态度对待我，在他的影响下，我自然也会用这样的态度对待我的子女。我这么说，可能会显得傲慢，但无论如何，我比父亲多一些长处，自然在行事上有别于父亲，也没有成为父亲那样的人。我的子女们将来会怎么样呢？我不是神仙，不敢断言，但按现在的情况看，他们跟我也是不同的。就这点而言，他们和我的不同与我和父亲的不同恰好相反，也就是说，他们不如我。

然而，责怪子女比我差，让他们按照我的意愿去行事，我也不愿意这样做。即便我按照自己的意思勉强他们，他们也不可能成为我想象中的子女，反而会因为我的强求成为不孝的子女。这样的事，我做不到，也于心不忍。

所以，我虽然教育他们"子女应该孝顺父母"，但却不强求他们尽孝。同时，我也规劝所有身为父母的人，如果子女不按你的意愿行事，请不要认为他们就是不孝。

现代教育的得与失

以前的社会和现在的社会不同，以前的青年和现代的青年自然也不同。我二十四五岁时，那是明治维新之前，那时的青年与现代的青年所处的社会环境和所受教育迥然不同，非要说谁优谁劣，不是一句话能说清楚的。有人认为以前的青年既有气概又有抱负，比现代青年优秀得多，现代青年浮躁轻浮，也缺乏朝气与活力。

对此，我认为这是以偏概全的说法。因为这是把以前的优秀青年跟现代的普通青年相比，这显然是不妥的。现代青年中不乏优秀之人，以前的青年中也不乏平庸之辈。明治维新前，日本对士、农、工、商阶级的划分极其严格，就算是武士阶层，也分为上士和下士。在农民和商人中，也有几代都是地主且担任村主任等职务的人，他们与普通的农民和商人有所不同，习气和受到的教育自然也不同。由此可见，即便是以前的青年，出身武士阶层和上层农、工、商家庭的，也与出身普通农、工、商家庭的青年不同，所受教育也不同。

以前的武士和上层的农民、商人在青年时期，大多会接受中国古代汉文化教育，从最初的《小学》《孝经》《近思录》等，到之后的《论语》《大学》《孟子》等。另外，他们还要进行体能锻炼，培养武士精神。而普通农民和商人青年时期虽也接受教育，但都是极粗浅的，如《庭训往来》等；他们还学加减乘除的算法。因此，接受过汉文化教育的武士通常有见识、有理想，而普通的农民和商人因只学了些许通俗的东西，自然大多是无学识之人。

现在倡导的是士、农、工、商四民平等，大家都接受一样的教育，不再有贫富贵贱之分。换言之，像岩崎、三井这样巨富人家的儿子和大杂院里普通百姓的子弟接受的教育是一样的。因此，在现代青年中出现品行不佳、不学无术之人是正常的。所以，把现代的普通青年跟以前少数武士阶层的青年进行比较，无端指责别人，实在是不恰当。

现代受过高等教育的青年丝毫不比以前的青年逊色。以前的教育只针对少数人，教出几个优秀之人就可以；现代的教育则是大多数人都能接受的常识教育。以前的青年为找到良师煞费苦心，比如熊泽蕃山想拜中江藤树为师，却被拒绝了，于是他在中江藤树家门外站了三天三夜。最终，中江藤树被他的诚心打动，收他为徒。其他像新井白石拜木下顺庵为师、林道春拜藤原惺窝为师，也都是拜师以修学养德的典范。

然而，如今的师生关系却乱套了，并没有师生之间的美好情谊，令人心寒。现在的青年和学生根本不尊敬自己的老师，把老师当成说相声的，甚至称其为说书先生，还说他们讲不好课、解释不清楚等等。学生本不该有这种行为，但从另一个角度来看，这也是古今学科制度不同造成的。如今的学生要接触很多老师，这便把师生关系搞乱了。同时，有的老师也不爱护学生，甚至讨厌学生。不管怎么说，青年都应该找到良师，以陶冶自己的情操。

与现代的学问相比，以前的学问偏重于精神层面的教育，现代的学问更注重知识的教育。以前的书籍大多是谈论品德修养的，学生自然在行事时有所体现，诸如修身、齐家、治国、平天下等。总之，以前教的都是人间大义。

《论语·学而》有载："其为人也孝弟，而好犯上者，鲜矣；

不好犯上，而好作乱者，未之有也。"又有："事君，能致其身。"这都是忠孝思想，并进一步阐明了仁义礼智信的意义，以唤起人的同情心和廉耻心，教导人重视礼节、厉行勤俭。也因此，以前的青年注重修养自身，自然也能以国家大事为己任，且重视廉耻，以信义为贵；而现代的教育更重视智育，学生从小学起就要学习多门学科，到中学、大学后，更是专注于知识的积累，忽视了精神的修养，这就使得如今青年人的素质堪忧。

总之，现代青年的求学目的就不对。《论语》中就有"古之学者为己，今之学者为人"的感叹。这句话放到现在也同样适用。

如今的青年往往为了做学问而做学问，并没有明确的目标，学得很茫然。如此一来，等到他们走上社会便会产生"我为什么而学"的疑问。另外，由于受到"只要好好学习，就能成为伟人"的观念影响，很多人不顾自己的现实条件和生活水平如何，一味追求不适合自己的学问，结果只能是后悔莫及。

因此，我认为，青年应根据自身实际情况决定学习什么，有的人小学毕业后就应该去学更实用的专业技能；想接受高等教育的人，在中学时就要确定自己将来干什么，要有明确的目标。倘若因自己的虚荣心误解了修学的意义，不仅会贻误自身，还会致使国家生产力衰退。

母亲的影响

关于女子的教育，我们是应该像封建时代那样不让她们接受

第九章 教育与情操

教育,还是应该让她们接受一定程度的教育,教她们修身齐家之道呢?到底该怎样做,我不说大家也明白。教育,不可因为是女子就敷衍了事。对此,我认为有必要从母亲对子女的影响谈起。

统计数据显示,母亲和子女之间有一种特殊的关系,即大多数善良的母亲,其子女也很善良;大部分受过良好教育的母亲,其子女也很优秀。比如中国古代孟子的母亲、美国总统华盛顿的母亲,就是这方面的典范。在日本,楠木正行的母亲、中江藤树的母亲,也都是大家公认的贤母。

总之,优秀人才的家中大多有一位贤德的母亲,这样的例子不胜枚举。伟人和圣贤,在很多方面都受到了善良贤德的母亲的影响,这并非我的一家之言,而是大家公认的。所以,让女子接受良好的教育,启发她们的智力,培养她们的品德,受益的不仅是女子自身,还能间接培养品德高尚的国民。因此,我们绝不可忽视对女子的教育。不过,女子应该接受教育的原因不止于此,我还要说一下其他原因。

明治之前,日本的女子教育完全按照中国古代女子教育的思想进行。遗憾的是,中国古代对女子的教育比较消极,要求女子守贞操、顺从、细心、优雅、忍耐。这些教育主要是精神层面的,对于智慧、学识等方面的教育既不鼓励也不传授。

幕府时代的日本女子接受的就是这样的教育,当时贝原益轩的《女大学》被认为是最好的教科书。也就是说,智慧、学识等方面的教育完全没有,只是教授一些如何约束女子的功夫。时至今日,仍然有很大比例的女子在接受这种教育。

进入明治时代后,虽然女子教育有了进步,但是真正接受过新式教育的人还是太少。可以说，现在日本的女子教育也没有走出《女大学》的范畴。尽管现在日本的女子教育逐渐普及，但也只能算是过渡期，仍未见到预期效果。所以，作为引导者的专家们是否应该对如今女子教育的得当与否进行探讨与研究呢？女子作为生育工具的时代已经成为历史，对女子的蔑视和嘲弄也该结束了。

我们该如何对待女子呢？抛开基督教义的规定，即便是从道义的角度来看，我们也不能把女子看成是生育的工具吧。如果人类社会认为要重视男子，那就必须也重视女子，因为女子也承担了一半的社会责任。

《孟子·万章》有言："男女居室，人之大伦也。"女子也是社会的一员，也是国家的一分子。既然这样，就应摈弃旧有的重男轻女的观念，让女子也同男子一样接受应有的才能和知识的教育。倘若男女合作，相互扶持，那么原来只有2500万人可以用的话，现在不是就有5000万人可以用了？这就是要大兴女子教育的缘由所在。

师生关系

师生之间本应相亲相爱、互相尊重，有深厚的情意。我不知道地方学校的师生关系怎么样，但我知道东京的学校师生之间的关系非常冷漠。学生和老师的关系，就像听众和说书人的关系，学生经常随意批评老师，不是说这个老师的课枯燥乏味，就是说

第九章　教育与情操

那个老师讲话太啰唆，更有甚者，处心积虑地找老师的缺点，然后再肆意批评一番。

当然，我并不是说以前的师生关系就都很好，拿我们熟知的孔子来说，据说他有3000弟子，他不可能和每个人都经常见面并交谈，其中精通六艺者就有72人。这72人应该是经常跟孔子见面并讨论，接受了孔子的言传身教的。孔子与弟子的关系不失为师生关系的典范，但若以此要求现在的师生关系恐怕是不可能的。

在德川幕府时代，师生之间也有深厚的情谊，老师的感召力很强。对此，我们可以从熊泽蕃山是如何拜中江藤树为师的例子中略知一二。熊泽蕃山生性清高，是一位威武不能屈、富贵不能淫，连天下诸侯也敬畏三分的人。他当时效力于备前（现冈山县一带）诸侯，是值得尊敬的老师，也是颇有政治见地的谋士；但是，在仰慕已久的中江藤树面前，他却像个孩子，拜师被拒绝后，他初心不改，在中江藤树家门口等了三天三夜，令其感动不已，最终收他为徒。之后，他们师生之间建立了深厚的情谊，可能是因为中江藤树德高望重，能感化他人吧。

类似的例子还有很多，比如有勇有谋、才气过人的新井白石却能够终身服侍自己的老师木下顺庵，而佐藤一斋和广濑淡窗则德高望重，受到学生的尊重。我所知道的大多是汉学老师和学生的关系，他们过从甚密、情谊深厚。可是，如今的学生对待老师的态度，就像听众对待相声演员的态度，对老师这也不满意，那也不满意。这种风气令人担忧。

当然，形成这种局面有老师的责任。如果老师在道德、才能、学问、人格修养方面有缺陷，不努力提升，自然无法使学生敬仰。我不得不说，老师确实出了问题。但是，我认为学生的素养也有问题，不尊重老师的现象，时下非常普遍。

其他国家的情况我不了解，但我知道英国的师生关系不像日本这样。当然，日本也有优秀的老师，他们并不像我讲的那样；日本也有像中江藤树、木下顺庵那样的教育家，但毕竟太少了。日本时下的教育还处于过渡期，短时间内需要大量教师，所以教师水平良莠不齐，但我觉得这不是误人子弟的理由。

我认为，既然要为人师表，就应反躬自省，谨慎行事，这样才能不辱使命；既然身为学生，就应该尊敬老师，努力培养与老师的情谊。如果学校的老师能跟学生多交流，多关心学生，那么即便不能全面改善这种风气，至少也能防止不良现象出现。

理论与实际

从日本的社会现状不难看出，现在中等教育的问题尤为严重，偏重知识教育，忽视道德品质教育。再看看如今学生的精神面貌，与过去的青年相比，他们缺少一鼓作气的勇气、努力和自觉性。我这样说，绝不是自夸我这个过去的青年有多了不起。现在的学生要学的科目很多，这也要学，那也要学，只是为了赶上所有学科的进度时间都不够用，哪有时间提升自己的人格修养。这虽是时代的趋势，但令我痛心疾首。

已经步入社会的人也就算了，我希望尚未步入社会的青年

第九章　教育与情操

人，若以后想为国家尽自己的一份力，在这方面要多用一点心。不过，从与我关系最为密切的实业教育来看，过去连实业教育这个名称都没有。即便到了明治十四五年（1881 和 1882）前后，实业教育也没什么发展，像商业学校那样的新事物出现，也不过是近 20 年左右的事。

当政治、经济、军事、工商业、文化艺术等方面都取得进步后，社会文明的进步才会显现，其中任何一方面停滞不前，都不能称之为文明的进步。然而，在日本，作为文明一个重要方面的工商业却长期被忽视。反过来看欧洲列强，其他方面的发展自不必说，工商业的发展速度最快。日本近年来开始重视实业教育，并取得了一些成绩。但遗憾的是，教育方法仍一如从前，偏重于理论知识的教育，对规矩、人格修养、道德品质等方面的教育并未涉及。虽说这是时代发展使然，无可奈何，但不免令人感慨万千。

再来看一下军事教育，军人都能严格遵守纪律，无条件服从命令，这是军事教育方法得当的结果。而从事实业的人，除了要具备以上素质外，还必须有自由的意志。从事实业的人，如果也像军人那样凡事都等待上级的命令，无疑会错失商机，导致事业无法开展。所以，如果只偏重于智力教育，让人只看眼前利益，难免会陷入孟子所说的"上下交争利，而国危矣"的状态。

为避免这种情况发生，多年来我一直默默努力，力争在我的实业教育中使德育与智育均衡发展。尽管尚有不足之处，但我多年的努力也渐渐有了成效。

孝还是不孝

从德川幕府统治中期开始,日本出现了"心学"(译者注:不同于中国古代王阳明的心学)。这一学说把神道、儒教、佛教合而为一,教义通俗易懂,大力提倡实践道德。在德川幕府第八代将军吉宗时期,石田梅岩率先提出这一学说,著名的《鸠翁道话》就是出于此派。梅岩门下还出了手岛堵庵、中泽道二两位名士,在他们二人的努力下,心学逐渐普及。

我曾读过中泽道二的作品《道二翁道话》,至今仍印象深刻。书中记载了近江和信浓两地孝子的故事,非常有趣。我记得有一个故事叫《孝子修行》,遗憾的是两个人物的名字我不记得了。故事说的是近江一个有名的孝子,因为悟出了"夫孝,德之本也,教之所由生也"的道理,日夜担心自己行孝不够。他得知信浓有位有名的孝子,便想去讨教如何才算真正的孝。

于是,为了修行孝道,他不辞辛劳,翻山越岭,到了夏天也十分凉爽的信浓。当他好不容易找到信浓那位孝子的家时,已过中午,只有孝子的老母亲一人在家,显得十分孤寂。他十分疑惑,就问孝子的老母亲:"令郎在何处?"老母亲回答:"上山干活去了。"他将自己的来意告诉了那位老母亲。那位老母亲说:"我儿子傍晚一定会回来,请你在家里等一会儿吧。"他便到屋里坐下来等。傍晚时分,那位孝子果然背着一捆柴回来了。

近江的孝子为了更好地了解信浓的孝子尽孝的行为,并没有马上出来打招呼,而是躲在屋里观察外面的情况。只见信浓的孝

第九章　教育与情操

子背着那捆柴一屁股坐到了屋檐下的廊道上。那捆柴看上去并不是特别重，但信浓的孝子却让老母亲帮他卸下来，老母亲照办。对此，近江的孝子有些意外。信浓的孝子并不知道屋里有客人在看他，十分自然地跟老母亲说自己的脚脏了，让老母亲去帮忙端水，接着又要求老母亲帮他擦脚，老母亲都面带笑容地一一照做。近江的孝子更加觉得不可思议。

之后，信浓的孝子坐到炉火边，说自己走累了，让老母亲帮他揉脚。老母亲一边和颜悦色地给儿子揉脚，一边说有一位从近江来的客人正在屋里等他。听到此话，信浓的孝子随即起身来到近江的孝子等待的房间。

近江的孝子对信浓的孝子施礼后说明来意。两人交谈中，晚饭时间到了，信浓的孝子让老母亲去准备晚饭招待客人，丝毫没有要帮忙的意思。饭菜备齐后，他又指挥老母亲干这干那，并说汤咸了、饭硬了，不停地挑剔。

这时，近江的孝子实在看不下去了，便大声指责道："我听说你是天下有名的孝子，才不辞辛苦千里迢迢前来拜访，但你刚才对待老母亲的情形，真是让我万分意外。你不仅丝毫没有孝敬老母亲的意思，还不停地训斥她，这样的行为也能称为'孝'吗？像你这样的，也能算孝子吗？这简直就是大不孝。"

对此，信浓的孝子给出的答案很有趣。他说："你所说的行孝，确实是万善之本，但若故意为之的孝又如何称为真正的孝道？只有无意中表现出来的孝行才是真正的孝道。我让老母亲做各种事，甚至让她给我揉脚是有理由的。老母亲看到我从山上砍柴回来知道我一定很累，想要伺候我。为了让她知道我理解她这种心情，我便让她给我端水、揉脚；在招待远道而来的客人时，老母亲一定不希望她有什么不周到之处让儿子尴尬，为了让她知道我理解她这种心情，我就挑剔她做的饭菜。我所做的这一切，其实都是按我母亲的心思和意愿做的，或许这就是大家说我是孝子的原因吧。"

听了这番话，近江的孝子幡然醒悟，认识到真正的孝道是什么事都不勉强对方，一切都要顺其自然，而为了尽孝而尽孝的自己，果真有很多不及之处。这就是《道二翁道话》中有关孝道的教诲。

人才过剩的主要原因

经济学中的供需原则，同样适用于人才市场。众所周知，所有行业都只雇用本行业所需要的人才，超过一定范畴的人才是不会雇用的。与此对应的是，每年都会有很多学生从各种学校毕业；而如今我们不够发达的实业界，是不可能全部录用他们的。特别是在如今这个时代，接受过高等教育的人才已呈现出供过于求的趋势。

一般来说，接受过高等教育的学生都想从事高尚的职业，所有学生都想从事高尚的职业，自然会出现供过于求的现象。当然，对于学生个人来说，想要从事高尚的职业是值得鼓励的，但若从整个社会或者一个国家的层面来看会怎样呢？我认为，这未必是一件好事。

第九章　教育与情操

　　简单来说，社会是复杂而多样的，并非千篇一律，因此需要的人才也是多种多样的，高到如公司的董事长，低到如普通工人、司机等，都是社会中不可或缺的。能进入管理层的人毕竟是少数，而社会对甘愿做基础工作的人的需求几乎是无限的。所以，那些怀揣崇高理想的学子们如果愿意从基层做起，就没有人才过剩这个社会问题了。遗憾的是，如今的普通学生，都想成为少数人中的一分子。他们认为自己有学问，掌握了一些高尚的理论，自然不能到别人手下做事。

　　同时，现在的教育制度也有不妥之处：只知道灌输知识，不注重学生精神层面的修养，培养出一大批同一类型的人才。这样导致的结果是，他们不懂得人应该能屈能伸，而只会盛气凌人，如此一来，自然会出现人才过剩的现象。

　　我并不是想用"寺子屋"（寺院开办的主要以庶民子弟为对象的初等教育机构，以训练读写及算盘为主。）时代的教育做比较，但不可否认的是，在人才培养方面，那时虽也有不足，但却比现在做得好。

　　与如今的教育相比，过去的教育方法比较简单，仅就教材来说，四书五经之类已经是最好的教材；可是那时培养出来的人才却完全不同，其原因在于教育方针的不同。学生们都选择自己擅长的方面发展，因人而异，各具特色。优秀之人会不断进步，向更高尚的工作方向努力；愚钝之人也不会心怀不切实际的想法，而是安于做基层的工作。这样一来，大家各得其所，各尽其才，也就不用担心会出现人才过剩的问题了。

　　如今的教育方法当然是好的，但由于误解了教育的精神，导致学生既不知道自己是不是有才华,也不知道自己适合做什么;他们单纯地认为,大家接受的教育是一样的,别人能做的事,我也一定可以,从而产生自负心理,不甘心从事基层的普通工作。

过去的教育是从100个人中培养出1个优秀人才,而现在的教育则是从100个人中培养出99个普通人才,这是现在教育的优点。遗憾的是,由于误解了教育的精神,造成了如今普通人才过剩的现象。

但是,同样采用这种教育方法的欧美先进国家却很少出现这种教育弊端,尤其是英国。英国与日本的现状大为不同,该国既重视对学生知识的教授,也重视对学生人格的培养。

话说像我这样教育界的外行,是不应该讨论教育问题的;但本着一颗爱国之心我又不得不说,发生现在这种情况,是因为教育制度尚待完善。

第十章

——成败与命运——

要想使人具有积极进取的精神，要先使人具有独立自主的人格。过于依赖他人，会使自己的实力衰退，也无法产生自信，久而久之，便会养成因循守旧、卑躬屈膝的习性。因此，我们必须自我鞭策，防止自己生出懦弱、卑怯之心。

忠恕之道

"业精于勤，荒于嬉"（韩愈《进学解》），万事皆是如此。如果你对自己的工作充满兴趣和热情，那么无论多忙、多累，也不会感到倦怠和厌恶，不会感到痛苦；反之，如果你对自己的工作一点兴趣和热情也没有，必然会产生倦怠感，接着就是厌恶，最后肯定是放弃。这是很自然的事。

前者由于精神饱满、心情愉悦，自然能对工作产生兴趣，兴趣又会使你产生热情，热情则是工作与事业发展的原动力，这自然也有利于社会；后者由于精神萎靡、心情郁闷，自然不会对工作产生兴趣，继而产生倦怠，导致疲惫，最终一事无成。两者相比较，大家会选择哪一种呢？相信大家自有明智的选择，选择前者无疑是明智的，选择后者则是愚蠢的。

另外，还有人喜欢把运气好不好挂在嘴边。我倒觉得，人生中的好运气命中注定的只是十之一二，而即便是命定的这一二，如果你不努力奋斗，也是抓不住的。

成功与失败，绝不是命运好坏决定的。相信大家都希望只有好结果没有坏结果，那就需要大家以积极的心态与饱满的热情来对待自己的工作，同时不断充实工作的内容。特别是像慈善救助之类的工作，因为其行业特殊性，在处理时要特别注意，尽可能丰富其内容，尽量不留遗憾。话虽如此，但也不可因追求内容而忽略形式，这也是不妥的。事实上，所有事业都是如此，内容和形式要保持平衡，不要使自己沦为形式的"奴隶"。

东京市养育院从创建到现在（1915年1月）已经接纳了两千五六百名贫民。在这些人中，只有极少数是出于好心却给自己招来灾祸或者在旅途中不幸病倒的人，其余大多数人都是自作自受的作孽之人。虽然他们是自作孽者，但我们却不能不同情他们，因为我们一刻也不能置人道主义——古代的忠恕之道——于不顾。我希望每一个职员都忠于自己的工作，富有仁爱之心。我并不是要求大家对他们始终优待，但至少在工作时要对他们有怜悯之心。

希望大家能领悟此道，并在自己的工作中厉行此道。另外，作为医务工作者，倘若只把自己的患者当成研究对象，那就太令人遗憾了。虽然将他们作为研究对象从某种程度上来说并非坏事，但医务工作者须明白，医者应该以治病救人为第一要务，搞研究也应该有度。另外，护士也是如此，对患者要亲切。患者在精神上多少有点问题，他们是被这个社会淘汰的人，是人生输家，我们应该以忠恕之心对待他们，同情他们。何况，忠恕之道是人立身的根本，只有实践此道才能掌握自己的命运。

成败的真谛

提到中国的圣贤，大家首先想到的是尧、舜，而后是禹、汤、文、武、周公、孔子。其中，尧、舜、禹、汤、文、武、周公等都是成功人士，都在自己的有生之年取得了丰功伟绩，并受到世人敬仰；可是孔子并不在此列。孔子生前并没有取得可观的政绩，而且曾遭受无妄之灾，困于陈蔡之野，饱尝艰辛。可是，千年之后，在今天，孔子所受到的尊崇远胜生前政绩斐然的尧、舜、禹、汤、文、武、周公。

中国这个国家的人民有一个很奇怪的特点，那就是对英雄豪杰的坟墓不甚在意，但是对圣人的坟墓却非常在意。我的朋友白岩君是个中国通，我曾与他探讨过这个问题，亲耳听到他的很多高论，还看了他发表在《心之花》杂志上的游记，这才弄清楚很多事。向来不重视英雄豪杰坟墓的中国人，却对山东曲阜的孔庙尤为珍视。孔庙庄严肃穆、雄伟壮观，孔子的后人至今都格外受尊敬。孔子生前既没有尧、舜、禹、汤、文、武、周公那样的政绩，也没有极高的地位，更没有富甲一方的财富，用现代的标准衡量，孔子就是个失败者。但是，这种失败并不是真正意义上的失败，反而是一种成功。

如果我们仅凭自己看到的事情为依据，来评判一个人的成功或失败，那么因矢尽刀折而战死在溱川的楠木正成应该算是失败者，而荣升大将军、威震四海的足利尊氏应该算是成功者。然而，如今已经没有人膜拜足利尊氏，而楠木正成的崇拜者却源源不断。也就是说，生前看似成功的足利尊氏成了永远的失败者，而生前失败的楠木正成反而成了永远的成功者。相似的情况还有菅原道真和藤原时平。当年藤原时平是成功者，菅原道真却因被诬告被囚禁于九州太宰府，每天只能望月叹息；但今天，没有人尊崇时平，道真却被视为太宰府的天满神，全国各地都有祭祀他的神社。所以，菅原道真不是失败者，反而是真正的成功者。

由此可见，世人眼中的成功未必是真的成功，世人眼中的失败也未必是真的失败。对于像公司一样以盈利为目的的事业，如果失败，必然会给股东带来损失，给相关人员带来麻烦，所以经营者无论如何都要力争成功。然而，对于精神文明建设方面的事业，如果经营者目光短浅，只顾眼前的蝇头小利，难免会遭到世人诟病。这么做不仅对社会的进步无益，还会永远失败。

比如发行报刊的目的是警醒世人，为了达到这一目的，记者要有铤而走险、逆流而上、不向社会潮流妥协的精神。但这样做有时会给自己招来灾祸，进而使自己成为世人口中的失败者，甚至不得不尝遍人间苦楚。可是，这绝不是真正的失败，虽然在当时看上去是失败，但此人的努力绝不会白费，社会将因此受益无穷。而此人的成功不用等到千百年后，或许只要十年二十年就能得到承认。

作为文艺工作者，或者从事与精神文明建设相关工作的人，如果想在生前取得所谓的成功，必然会阿谀奉承且急功近利，继而做出不利于人民与社会的事情。当然，不管是哪种与精神文明建设有关的事业，都不能空喊口号、堆砌辞藻，而应该将其视为人生的一项伟大事业。如果你不努力，那么百年之后，即使黄河水变清，你也是个失败者。相反，如果你竭尽全力、努力奋斗，即便事业失败了，你也不算是真正的失败。就像孔子的思想，至今仍是无数人安身立命的基础，仍在为提高人们的精神修养作贡献，使后人受益无穷。

谋事在人，成事在天

何为天？我创立的归一协会经常讨论这个问题。有的宗教家认为天是一种有灵性的动物，他有人格，就像人能活动自己的手和脚一样，他赐给人幸福，也能让人不幸。如果你向天真诚祈祷或求助，他能给你回应，并改变你的命运。可是，天真的像宗教家所说的那样有人格、有肉体，能根据人的祈祷降福或降灾于人吗？我认为事实并非如此。天命是悄无声息地自然运行的，并不能像魔术那样创造不可思议的奇迹。

有的人把一切都归于天命，这也是天命，那也是天命，但其实不过是自己的肆意妄为罢了，因为天根本不知道你在想什么。所以，人畏惧天命，就要承认天具有人所不能及的巨大力量。我认为，只要自己尽力了，那些勉强的、不合理的事不一定要坚持到底。我们对待天要恭、敬、信，就像明治天皇的《教育敕语》中所说的"通之古今而不谬，施之中外而不悖"。它要求臣民坦然自若地走能通往长治久安的大道，不以人力必胜而自骄，不勉强做事，不做不合理的事。因此，认为天、神、佛具有人格与肉体，能左右人的感情，是极其荒谬的。

无论人怎么看待天命，天命都像四季一样循环更替，在万事万物中起作用。因此，对天命，我们要抱持恭、敬、信的态度，如此，你便能明白"谋事在人，成事在天"的真谛。那么，在现实生活中遇到需要解释"天"的情况时，该如何解释呢？我想借用孔子的解释：既不认为天是有人格、有肉体的灵性动物，也不

第十章　成败与命运

认为天地之间的因果报应都是巧合，而是把它作为天命，以恭、敬、信的态度对待，这才是最稳妥的态度。

西湖感怀

大正三年（1914）春，我到中国旅行。我于5月6日抵达上海，第二天乘火车至杭州。杭州有个著名的旅游胜地西湖，湖畔立有岳飞的墓碑，墓碑对面是秦桧跪着的雕像，两者相距只有五六步远。

岳飞是宋朝名将，当时，宋金之间战争频仍。由于燕京被金军占领，宋只能偏安南方，史称南宋。岳飞奉命出征，屡破金军，就在他即将收复燕京时，朝廷被收受金人贿赂的奸臣秦桧蒙蔽，召回岳飞。岳飞知道自己是被秦桧所害，无奈感叹："臣十年之力，废于一旦！非臣不称职，权臣秦桧误陛下也。"遗憾的是，岳飞最后还是以莫须有的罪名被杀。

现在，忠臣岳飞与奸臣秦桧竟然正面相对，仅隔几步路，实在是太讽刺了。今人所选对象之精妙，令人感慨。时至今日，前去西湖瞻仰岳飞的人们仍然会潸然泪下，同时也有人往秦桧跪像上撒尿。这么多年过去，忠奸分明，实在是大快人心。

时下的中国人，既有岳飞那样的人，也有秦桧那样的人。人们拜岳飞，却向秦桧跪像撒尿，难道不是孟子"人性本善"的体现吗？岳飞的赤诚依旧深入人心，以至于千年之后，人们仍仰慕其高尚的德行。

183

因此，人的成败，只有盖棺才能论定。日本的楠木正成和足利尊氏、菅原道真和藤原时平，同样如此。瞻仰岳飞墓后，我更加感慨万千。

顺境与逆境

假设有这样两个人：一个既没地位也没财富，所处环境也不理想，更没有可以提携的长辈，他想要在社会上立足只能靠他的学识。不过，他具有超凡的能力、健康的体魄，同时谦虚好学、吃苦耐劳，行事也恪守本分。无论交给他什么工作，他都能处理得十分妥当，甚至能超预期完成任务，所以赢得很多人由衷的称赞。这样一来，这个人无论是从政还是从事别的工作，都会言必信，行必果，最终事业有成。很多人看到这个人的身份和地位就片面地认为他身处顺境，是个一生顺遂的幸运儿，但事实上他既没有身处顺境，也没有身处逆境，他的处境完全是靠他自己的努力创造出的。

另外一个人天生懒惰，上学时各门功课都不及格，多次留级；勉强毕业后，也只能靠自己的学识立足社会。但由于他不明事理且不求上进，虽然勉强找到了工作，却很难把领导交代的工作做好；受到领导的责备心中愤恨不已，更加无法好好工作，最终被解雇。回到家中，他会因没有信用而被父母、兄弟疏远，便更加得不到外人的信任。如此一来，他的气愤更加难以平复，便开始自暴自弃。假如此时再有个坏朋友从旁挑唆，他很容易误入

第十章　成败与命运

歧途，难返正道，不得不徘徊于穷途末路。很多人看到这个人的现状，会片面地认为他身处逆境，而且他也确实身处逆境，但事实是，所有的结果都是他咎由自取。

韩退之在勉励儿子读书的《符读书城南》中写道："木之就规矩，在梓匠轮舆。人之能为人，由腹有诗书。诗书勤乃有，不勤腹空虚。欲知学之力，贤愚同一初。由其不能学，所入遂异间。两家各生子，提孩巧相如。少长聚嬉戏，不殊同队鱼。年至十二三，头角稍相疏。二十渐乖张，清沟映污渠。三十骨骼成，乃一龙一猪。飞黄腾踏去，不能顾蟾蜍。一为马前卒，鞭背生虫蛆。一为公与相，潭潭府中居。问之何因尔，学与不学欤。"

这首诗主要是劝勉后代要勤勉求学的，但从中也能看到顺境和逆境的差别。概括来说，禀赋差的人，再怎么教也很难学好；而禀赋好的人，不用教他自己也会主动去学习，这就是所谓的自然造就了每个人不同的命运。所以，严格来说，这个世界上根本不存在什么顺境和逆境。

如果一个人十分聪慧，又能努力拼搏，是绝不会身陷逆境的。没有逆境，也就无所谓顺境了。如果一个人因为自身问题陷入逆境，自然也就有了与之相对的顺境一说。比如一个身体虚弱的人，感冒了怪天气寒冷，肚子疼怪天气热，把一切归罪于天气，却绝口不提自己身体虚弱。如果平时多加锻炼，把身体锻炼得强健一些，也就不会因天气变化而生病了。正是由于平时不锻炼，身体不好，才会很容易生病。生病之后不反思自己的原因，反而埋怨天气，这跟把自己所造成的逆境归咎于天有什么区别呢！

孟子对梁惠王所说的"王无罪岁，斯天下之民至焉"也是一样的意思。身为王，不反思自己在政治上的疏漏，反而将一切归罪于天，这是不好的。人民是否归顺于你，跟年成好坏没有关系，关键在于你是如何施行仁政的。如果把人民不归顺归罪于年成不好，那和因自己的原因陷入逆境却怪罪于天是一样的心理。

总之，社会上很多人有这个毛病，在面对逆境时从不考虑自己是否有聪明才智，是否够努力，真是愚蠢透顶。我认为，如果一个人有足够的智慧，再加上努力学习，一定不会陷入逆境。

综上所述，我认为世上根本就没有逆境。不过，也有一些例外。比如有的人兼具智慧与才华，而且勤奋上进，足以成为表率，无论是在政界还是实业界都能出人头地，却因突如其来的灾祸一败涂地，像这样的人所处的境地才能称之为逆境。

胆大心细

随着社会的发展和进步，社会秩序也会越来越完善。然而，这种秩序在我们开展新事业时或多或少都会形成羁绊，从而导致人们太过保守。虽然轻佻和浮躁的行为任何时候都要规避，但过于强调秩序，也会使人变得因循守旧、懦弱无能、不懂变通，最终阻碍社会的发展和进步。这样一来，不管是对个人发展还是国家进步来说，都是不利的。

如今世界局势波诡云谲，竞争也日趋激烈，文明的进步更

第十章 成败与命运

是日新月异。遗憾的是,由于长期处于闭关锁国的状态,日本的发展远远落后于世界的发展。开国以来,日本各方面突飞猛进,令其他国家惊奇不已,但日本仍有很多方面落后于其他国家,这也是不争的事实。也就是说,日本现在还是落后国家。因此,想要在与其他先进国家的竞争中胜出,日本必须更加努力才行。

只要是有利于个人发展、国家进步的事,都要竭尽全力、奋力拼搏。那些谨小慎微固守传统事业,或怕因过失招致失败而裹足不前的行为,都不可取。希望大家都能正视这个问题,不管是制定计划还是谋求发展,都要以"使日本成为一流国家"为目标。现在,我们不仅要培养人积极进取的精神,还要培养其执行力,这是当务之急。

要想使人具有积极进取的精神,要先使人具有独立自主的人格。过于依赖他人,会使自己的实力衰退,也无法产生自信,久而久之,便会养成因循守旧、卑躬屈膝的习性。因此,我们必须自我鞭策,防止自己生出懦弱、卑怯之心。另外,过于谨慎、做事犹豫不决、执着于细枝末节的人,很容易被消磨活力、挫伤进取的勇气。

细心和周到是必不可少的,但同时我们还要胆大、有魄力。只有胆大和心细相结合,加上积极进取的精神,才能干成大事。因此,对于近来的一些坏苗头必须警惕。

近来,年轻人的活力愈盛,也出现了积极创新的势头,真是可喜可贺;可是中年人却仍沉浸在死气沉沉的氛围中,实在令人担忧。为了充分发挥人们独立自主的精神,必须彻底改变时下那种认为政府无所不能、所有事业都依靠政府的观念,要鼓励锐意进取的民间力量。

另外,如果只关心小事,埋头于细枝末节,反而会催生更多法律法规之类的条条框框。这样一来,人们为了不触犯这些法规,只会在规则之内做事,这又如何创新,如何生气勃勃地发展呢?更别提成为世界强国了。

莫以成败论英雄

这个世界上有很多不向厄运低头,通过顽强拼搏取得成功的人。但若仅以成功或失败来衡量一个人,那无疑是犯了根本性错误。我们应该根据自己做人的原则选择自己要走的路,所谓的成功或失败并不重要。有人在与厄运抗争后获得成功,也有人因为运气不好而失败,那失败者就应该悲观失望吗?成功或失败,都只不过是残留在认真做事的人身上的碎屑。

现在,很多人眼里只有成败,根本看不见天地间比成败更重要的道理。他们对事物的本质视而不见,反而把如尘埃般的金银财宝看得非常重要。事实上,人应该把做人的原则铭记于心,认真履行自己的职责,以求心安理得。

在这个世界上,功败垂成的例子并不少见。真正的智者可以掌控自己的命运,不会让命运随意支配自己的人生。即便是善良的君子,如果没有智慧,在关键时刻也会错失机遇,与成功无缘。德川家康与丰臣秀吉的人生就佐证了这一点。

倘若丰臣秀吉能活到80岁，而德川家康60岁就去世，那历史会如何呢？也许天下就不是德川家康的了，老百姓高呼"丰臣秀吉万岁"也是有可能的。然而，变幻莫测的命运成就了德川家康，却害了丰臣秀吉。德川家康麾下名将谋士云集，而丰臣秀吉不仅早早去世，他的偏妃淀君还为所欲为，不将幼子托付给赤胆忠心的片桐且元，反而宠信大野父子；再加上石田三成讨伐关东，加速了丰臣家族的灭亡，继而为德川家族一统天下创造了良机。这是因为丰臣秀吉太愚蠢、德川家康太聪明吗？从德川家族创造的300年太平盛世来看，我倒认为是命运使然。话虽如此，但要抓住命运给的机会却并非易事。普通人往往缺乏掌控命运的智慧和勇气，只有像德川家康那样的人才拥有那样的智慧和勇气，进而抓住机会，改变命运。

总之，人只有踏实做事，努力进取，才能掌控自己的命运。即便失败，也承认是因为自己的智慧和能力不够；如果成功了，那就是自己充分发挥聪明才智的结果。但无论最终是成是败，都听天命，不怨天尤人。人生的道路千万条，确实会有善人败在恶人手里的情况，可长久来看，善恶到头终有报。因此，与其讨论成败的是非善恶，倒不如立足眼前，踏踏实实地努力工作。如此，公正无私的天也会赐福于你，帮你掌控命运。

做人的道理就如太阳和月亮散发光芒般自然，遵循此道的人也能兴盛，有悖此道而行者则必灭亡。在漫长的人生岁月中，一时的成败如沧海一粟，但世人却往往执着于眼前的成败。如此一来，国家的发展和进步也就无从谈起。只有改变这种肤浅低级的观念，追求有意义的人生，才是正确的选择。如果你能将成败置之度外，一生恪守为人之道，就会觉得计较成败有多么愚蠢。唯有此，你才能度过有价值的人生。

何况，成功只不过是你人生道路上的尘埃而已，又何必在意呢？

附录

——论语——

学而篇第一

子曰:"学而时习之,不亦说乎?有朋自远方来,不亦乐乎?人不知而不愠,不亦君子乎?"

有子曰:"其为人也孝弟,而好犯上者,鲜矣;不好犯上,而好作乱者,未之有也。君子务本,本立而道生。孝弟也者,其为仁之本与!"

子曰:"巧言令色,鲜矣仁!"

曾子曰:"吾日三省吾身:为人谋而不忠乎?与朋友交而不信乎?传不习乎?"

子曰:"道千乘之国,敬事而信,节用而爱人,使民以时。"

子曰:"弟子入则孝,出则弟,谨而信,泛爱众而亲仁,行有余力,则以学文。"

子夏曰:"贤贤易色;事父母,能竭其力;事君,能致其身;与朋友交,言而有信。虽曰未学,吾必谓之学矣。"

子曰:"君子不重则不威,学则不固。主忠信,无友不如己者,过,则勿惮改。"

曾子曰:"慎终追远,民德归厚矣。"

子禽问于子贡曰:"夫子至于是邦也,必闻其政。求之与?抑与之与?"子贡曰:"夫子温、良、恭、俭、让以得之。夫子之求之也,其诸异乎人之求之与?"

子曰:"父在,观其志;父没,观其行;三年无改于父之道,可谓孝矣。"

有子曰:"礼之用,和为贵。先王之道,斯为美,小大由之。

有所不行。知和而和，不以礼节之，亦不可行也。"

有子曰："信近于义，言可复也。恭近于礼，远耻辱也。因不失其亲，亦可宗也。"

子曰："君子食无求饱，居无求安，敏于事而慎于言，就有道而正焉，可谓好学也已。"

子贡曰："贫而无谄，富而无骄，何如？"子曰："可也。未若贫而乐，富而好礼者也。"

子贡曰："《诗》云：'如切如磋，如琢如磨。'其斯之谓与？"子曰："赐也，始可与言《诗》已矣，告诸往而知来者。"

子曰："不患人之不己知，患不知人也。"

为政篇第二

子曰："为政以德，譬如北辰居其所而众星共之。"

子曰："《诗》三百，一言以蔽之，曰：'思无邪'。"

子曰："道之以政，齐之以刑，民免而无耻。道之以德，齐之以礼，有耻且格。"

子曰："吾十有五而志于学，三十而立，四十而不惑，五十而知天命，六十而耳顺，七十而从心所欲，不逾矩。"

孟懿子问孝，子曰："无违。"

樊迟御，子告之曰："孟孙问孝于我，我对曰，无违。"樊迟曰："何谓也？"子曰："生，事之以礼；死，葬之以礼，祭之以礼。"

孟武伯问孝。子曰:"父母唯其疾之忧。"

子游问孝。子曰:"今之孝者,是谓能养。至于犬马,皆能有养;不敬,何以别乎?"

子夏问孝。子曰:"色难。有事,弟子服其劳;有酒食,先生馔,曾是以为孝乎?"

子曰:"吾与回言终日,不违,如愚。退而省其私,亦足以发,回也不愚。"

子曰:"视其所以,观其所由,察其所安,人焉廋哉?人焉廋哉?"

子曰:"温故而知新,可以为师矣。"

子曰:"君子不器。"

子贡问君子。子曰:"先行其言而后从之。"

子曰:"君子周而不比,小人比而不周。"

子曰:"学而不思则罔,思而不学则殆。"

子曰:"攻乎异端,斯害也已。"

子曰:"由,诲女知之乎!知之为知之,不知为不知,是知也。"

子张学干禄。子曰:"多闻阙疑,慎言其余,则寡尤;多见阙殆,慎行其余,则寡悔。言寡尤,行寡悔,禄在其中矣。"

哀公问曰:"何为则民服?"孔子对曰:"举直错诸枉,则民服;举枉错诸直,则民不服。"

季康子问:"使民敬、忠以劝,如之何?"子曰:"临之以庄,则敬;孝慈,则忠;举善而教不能,则劝。"

或谓孔子曰:"子奚不为政?"子曰:"《书》云:'孝乎惟孝,

友于兄弟，施于有政。'是亦为政，奚其为为政？"

子曰："人而无信，不知其可也。大车无輗，小车无軏，其何以行之哉？"

子张问："十世可知也？"子曰："殷因于夏礼，所损益，可知也；周因于殷礼，所损益，可知也。其或继周者，虽百世，可知也。"

子曰："非其鬼而祭之，谄也。见义不为，无勇也。"

八佾篇第三

孔子谓季氏："八佾舞于庭，是可忍也，孰不可忍也？"

三家者以《雍》彻，子曰："'相维辟公，天子穆穆。'奚取于三家之堂？"

子曰："人而不仁，如礼何？人而不仁，如乐何？"

林放问礼之本。子曰："大哉问！礼，与其奢也，宁俭。丧，与其易也，宁戚。"

子曰："夷狄之有君，不如诸夏之亡也。"

季氏旅于泰山。子谓冉有曰："女弗能救与？"对曰："不能。"子曰："呜呼！曾谓泰山不如林放乎？"

子曰："君子无所争，必也射乎！揖让而升，下而饮。其争也君子。"

子夏问曰："'巧笑倩兮，美目盼兮，素以为绚兮。'何谓也？"子曰："绘事后素。"

曰："礼后乎？"子曰："起予者商也！始可与言《诗》已矣。"

子曰："夏礼，吾能言之，杞不足征也；殷礼，吾能言之，宋不足征也。文献不足故也，足，则吾能征之矣。"

子曰："禘自既灌而往者，吾不欲观之矣。"

或问禘之说。子曰："不知也。知其说者之于天下也，其如示诸斯乎！"指其掌。

祭如在，祭神如神在。子曰："吾不与祭，如不祭。"

王孙贾问曰："与其媚于奥，宁媚于灶，何谓也？"子曰："不然。获罪于天，无所祷也。"

子曰："周监于二代，郁郁乎文哉！吾从周。"

子入大庙，每事问。或曰："孰谓鄹人之子知礼乎？入太庙，每事问。"子闻之，曰："是礼也。"

子曰："射不主皮，为力不同科，古之道也。"

子贡欲去告朔之饩羊，子曰："赐也！尔爱其羊，我爱其礼。"

子曰："事君尽礼，人以为谄也。"

定公问："君使臣，臣事君，如之何？"孔子对曰："君使臣以礼，臣事君以忠。"

子曰："《关雎》乐而不淫，哀而不伤。"

哀公问社于宰我。宰我对曰："夏后氏以松，殷人以柏，周人以栗，曰使民战栗。"子闻之，曰："成事不说，遂事不谏，既往不咎。"

子曰："管仲之器小哉！"

或曰："管仲俭乎？"曰："管氏有三归，官事不摄，焉得俭？"

"然则管仲知礼乎？"曰："邦君树塞门，管氏亦树塞门。

邦君为两君之好，有反坫，管氏亦有反坫。管氏而知礼，孰不知礼？"

子语鲁大师乐，曰："乐其可知也：始作，翕如也；从之，纯如也，皦如也，绎如也，以成。"

仪封人请见，曰："君子之至于斯也，吾未尝不得见也。"从者见之。出曰："二三子何患于丧乎？天下之无道也久矣，天将以夫子为木铎。"

子谓《韶》："尽美矣，又尽善也。"谓《武》："尽美矣，未尽善也。"

子曰："居上不宽，为礼不敬，临丧不哀，吾何以观之哉？"

里仁篇第四

子曰："里仁为美。择不处仁，焉得知？"

子曰："不仁者不可以久处约，不可以长处乐。仁者安仁，知者利仁。"

子曰："唯仁者能好人，能恶人。"

子曰："苟志于仁矣，无恶也。"

子曰："富与贵，是人之所欲也；不以其道得之，不处也。贫与贱，是人之所恶也；不以其道得之，不去也。君子去仁，恶乎成名？君子无终食之间违仁，造次必于是，颠沛必于是。"

子曰："我未见好仁者，恶不仁者。好仁者，无以尚之；恶不仁者，其为仁矣，不使不仁者加乎其身，有能一日用其力于仁矣乎？我未见力不足者。盖有之矣，我未之见也。"

子曰："人之过也，各于其党。观过，斯知仁矣。"

子曰："朝闻道，夕死可矣。"

子曰："士志于道，而耻恶衣恶食者，未足与议也。"

子曰："君子之于天下也，无适也，无莫也，义之与比。"

子曰："君子怀德，小人怀土；君子怀刑，小人怀惠。"

子曰："放于利而行，多怨。"

子曰："能以礼让为国乎？何有？不能以礼让为国，如礼何？"

子曰："不患无位，患所以立。不患莫己知，求为可知也。"

子曰："参乎！吾道一以贯之。"曾子曰："唯。"

子出，门人问曰："何谓也？"曾子曰："夫子之道，忠恕而已矣。"

子曰："君子喻于义，小人喻于利。"

子曰："见贤思齐焉，见不贤而内自省也。"

子曰："事父母几谏，见志不从，又敬不违，劳而不怨。"

子曰："父母在，不远游，游必有方。"

子曰："三年无改于父之道，可谓孝矣。"

子曰："父母之年，不可不知也。一则以喜，一则以惧。"

子曰："古者言之不出，耻躬之不逮也。"

子曰："以约失之者鲜矣。"

子曰："君子欲讷于言而敏于行。"

子曰："德不孤，必有邻。"

子游曰："事君数，斯辱矣；朋友数，斯疏矣。"

公冶长篇第五

子谓公冶长:"可妻也。虽在缧绁之中,非其罪也。"以其子妻之。

子谓南容:"邦有道,不废;邦无道,免于刑戮。"以其兄之子妻之。

子谓子贱:"君子哉若人!鲁无君子者,斯焉取斯?"

子贡问曰:"赐也何如?"子曰:"女,器也。"曰:"何器也?"曰:"瑚琏也。"

或曰:"雍也仁而不佞。"子曰:"焉用佞?御人以口给,屡憎于人。不知其仁,焉用佞?"

子使漆雕开仕。对曰:"吾斯之未能信。"子说。

子曰:"道不行,乘桴浮于海。从我者,其由与?"子路闻之喜。子曰:"由也好勇过我,无所取材。"

孟武伯问:"子路仁乎?"子曰:"不知也。"又问。子曰:"由也,千乘之国,可使治其赋也。不知其仁也。"

"求也何如?"子曰:"求也,千室之邑,百乘之家,可使为之宰也。不知其仁也。"

"赤也何如?"子曰:"赤也,束带立于朝,可使与宾客言也。不知其仁也。"

子谓子贡曰:"女与回也孰愈?"对曰:"赐也何敢望回?回也闻一以知十,赐也闻一以知二。"子曰:"弗如也,吾与女弗如也!"

宰予昼寝。子曰:"朽木不可雕也,粪土之墙不可圬也。于予与何诛？"子曰："始吾于人也，听其言而信其行；今吾于人也，听其言而观其行。于予与改是。"

子曰："吾未见刚者。"或对曰："申枨。"子曰："枨也欲，焉得刚？"

子贡曰："我不欲人之加诸我也，吾亦欲无加诸人。"子曰："赐也，非尔所及也。"

子贡曰："夫子之文章，可得而闻也。夫子之言性与天道，不可得而闻也。"

子路有闻，未之能行，唯恐有闻。

子贡问曰："孔文子何以谓之'文'也？"子曰："敏而好学，不耻下问，是以谓之'文'也。"

子谓子产："有君子之道四焉：其行己也恭，其事上也敬，其养民也惠，其使民也义。"

子曰："晏平仲善与人交，久而敬之。"

子曰："臧文仲居蔡，山节藻棁，何如其知也？"

子张问曰："令尹子文三仕为令尹，无喜色；三已之，无愠色。旧令尹之政，必以告新令尹。何如？"子曰："忠矣。"曰："仁矣乎？"曰："未知，焉得仁？"

"崔子弑齐君，陈文子有马十乘，弃而违之。至于他邦，则曰：'犹吾大夫崔子也。'违之。之一邦，则又曰：'犹吾大夫崔子也。'违之。何如？"子曰："清矣。"曰："仁矣乎？"曰："未知，焉得仁？"

季文子三思而后行。子闻之，曰："再，斯可矣。"

子曰："宁武子，邦有道，则知；邦无道，则愚。其知可及也，其愚不可及也。"

子在陈，曰："归与！归与！吾党之小子狂简，斐然成章，不知所以裁之。"

子曰："伯夷、叔齐不念旧恶，怨是用希。"

子曰："孰谓微生高直？或乞醯焉，乞诸其邻而与之。"

子曰："巧言、令色、足恭，左丘明耻之，丘亦耻之。匿怨而友其人，左丘明耻之，丘亦耻之。"

颜渊、季路侍。子曰："盍各言尔志？"

子路曰："愿车马衣轻裘与朋友共敝之而无憾。"

颜渊曰："愿无伐善，无施劳。"

子路曰："愿闻子之志。"

子曰："老者安之，朋友信之，少者怀之。"

子曰："已矣乎！吾未见能见其过而内自讼者也。"

子曰："十室之邑，必有忠信如丘者焉，不如丘之好学也。"

雍也篇第六

子曰："雍也可使南面。"

仲弓问子桑伯子。子曰："可也，简。"

仲弓曰："居敬而行简，以临其民，不亦可乎？居简而行简，无乃大简乎？"子曰："雍之言然。"

哀公问："弟子孰为好学？"孔子对曰："有颜回者好学，不迁怒，不贰过，不幸短命死矣，今也则亡，未闻好学者也。"

子华使于齐，冉子为其母请粟。子曰："与之釜。"

请益，曰："与之庾。"

冉子与之粟五秉。

子曰："赤之适齐也，乘肥马，衣轻裘。吾闻之也：君子周急不继富。"

原思为之宰，与之粟九百，辞。子曰："毋，以与尔邻里乡党乎！"

子谓仲弓，曰："犁牛之子骍且角，虽欲勿用，山川其舍诸？"

子曰："回也，其心三月不违仁，其余则日月至焉而已矣。"

季康子问："仲由可使从政也与？"子曰："由也果，于从政乎何有？"

曰："赐也可使从政也与？"曰："赐也达，于从政乎何有？"

曰："求也可使从政也与？"曰："求也艺，于从政乎何有？"

季氏使闵子骞为费宰。闵子骞曰："善为我辞焉。如有复我者，则吾必在汶上矣。"

伯牛有疾，子问之，自牖执其手，曰："亡之，命矣夫！斯人也而有斯疾也！斯人也而有斯疾也！"

子曰："贤哉，回也！一箪食，一瓢饮，在陋巷，人不堪其忧，回也不改其乐。贤哉，回也！"

冉求曰："非不说子之道，力不足也。"子曰："力不足者，中道而废。今女画。"

子谓子夏曰："女为君子儒，无为小人儒！"

子游为武城宰。子曰："女得人焉尔乎？"曰："有澹台灭明者，行不由径,非公事,未尝至于偃之室也。"

子曰:"孟之反不伐,奔而殿,将入门,策其马,曰:'非敢后也,马不进也。'"

子曰:"不有祝鲍之佞,而有宋朝之美,难乎免于今之世矣。"

子曰:"谁能出不由户?何莫由斯道也?"

子曰:"质胜文则野,文胜质则史。文质彬彬,然后君子。"

子曰:"人之生也直,罔之生也幸而免。"

子曰:"知之者不如好之者,好之者不如乐之者。"

子曰:"中人以上,可以语上也;中人以下,不可以语上也。"

樊迟问知。子曰:"务民之义,敬鬼神而远之,可谓知矣。"问仁。曰:"仁者先难而后获,可谓仁矣。"

子曰:"知者乐水,仁者乐山。知者动,仁者静。知者乐,仁者寿。"

子曰:"齐一变,至于鲁;鲁一变,至于道。"

子曰:"觚不觚,觚哉!觚哉!"

宰我问曰:"仁者,虽告之曰:'井有仁焉',其从之也?"子曰:"何为其然也?君子可逝也,不可陷也;可欺也,不可罔也。"

子曰:"君子博学于文,约之以礼,亦可以弗畔矣夫。"

子见南子,子路不说。夫子矢之曰:"予所否者,天厌之!天厌之!"

子曰:"中庸之为德也,其至矣乎!民鲜久矣。"

子贡曰:"如有博施于民而能济众,何如?可谓仁乎?"子曰:"何事于仁!必也圣乎!尧、舜其犹病诸!夫仁者,己欲立而立人，己欲达而达人。能近取譬，可谓仁之方也已。"

述而篇第七

子曰："述而不作，信而好古，窃比于我老彭。"

子曰："默而识之，学而不厌，诲人不倦，何有于我哉？"

子曰："德之不修，学之不讲，闻义不能徙，不善不能改，是吾忧也。"

子之燕居，申申如也，夭夭如也。

子曰："甚矣吾衰也！久矣吾不复梦见周公！"

子曰："志于道，据于德，依于仁，游于艺。"

子曰："自行束脩以上，吾未尝无诲焉。"

子曰："不愤不启，不悱不发。举一隅不以三隅反，则不复也。"

子食于有丧者之侧，未尝饱也。

子于是日哭，则不歌。

子谓颜渊曰："用之则行，舍之则藏，惟我与尔有是夫。"

子路曰："子行三军，则谁与？"

子曰："暴虎冯河，死而无悔者，吾不与也。必也临事而惧，好谋而成者也。"

子曰："富而可求也，虽执鞭之士，吾亦为之。如不可求，从吾所好。"

子之所慎：齐，战，疾。

子在齐闻《韶》，三月不知肉味，曰："不图为乐之至於斯也。"

冉有曰："夫子为卫君乎？"子贡曰："诺，吾将问之。"

入，曰："伯夷、叔齐何人也？"曰："古之贤人也。"曰："怨乎？"曰："求仁而得仁，又何怨？"

出，曰："夫子不为也。"

子曰："饭疏食饮水，曲肱而枕之，乐亦在其中矣。不义而富且贵，于我如浮云。"

子曰："加我数年，五十以学《易》，可以无大过矣。"

子所雅言，《诗》、《书》、执礼，皆雅言也。

叶公问孔子于子路，子路不对。

子曰："女奚不曰：'其为人也，发愤忘食，乐以忘忧，不知老之将至云尔。'"

子曰："我非生而知之者，好古，敏以求之者也。"

子不语怪、力、乱、神。

子曰："三人行，必有我师焉。择其善者而从之，其不善者而改之。"

子曰："天生德于予，桓魋其如予何？"

子曰："二三子以我为隐乎？吾无隐乎尔。吾无行而不与二三子者，是丘也。"

子以四教：文，行，忠，信。

子曰："圣人，吾不得而见之矣；得见君子者，斯可矣。"

子曰："善人，吾不得而见之矣；得见有恒者，斯可矣。亡而为有，虚而为盈，约而为泰，难乎有恒矣。"

子钓而不纲，弋不射宿。

子曰:"盖有不知而作之者,我无是也。多闻,择其善者而从之;多见而识之;知之次也。"

互乡难与言,童子见,门人惑。子曰:"与其进也,不与其退也,唯何甚?人洁己以进,与其洁也,不保其往也。"

子曰:"仁远乎哉?我欲仁,斯仁至矣。"

陈司败问:"昭公知礼乎?"孔子曰:"知礼。"

孔子退,揖巫马期而进之,曰:"吾闻君子不党,君子亦党乎?君取于吴,为同姓,谓之吴孟子。君而知礼,孰不知礼?"

巫马期以告。子曰:"丘也幸,苟有过,人必知之。"

子与人歌而善,必使反之,而后和之。

子曰:"文,莫吾犹人也。躬行君子,则吾未之有得。"

子曰:"若圣与仁,则吾岂敢?抑为之不厌,诲人不倦,则可谓云尔已矣。"公西华曰:"正唯弟子不能学也。"

子疾病,子路请祷。子曰:"有诸?"子路对曰:"有之。《诔》曰:'祷尔于上下神祇。'"子曰:"丘之祷久矣。"

子曰:"奢则不孙,俭则固。与其不孙也,宁固。"

子曰:"君子坦荡荡,小人长戚戚。"

子温而厉,威而不猛,恭而安。

泰伯篇第八

子曰:"泰伯,其可谓至德也已矣。三以天下让,民无得而称焉。"

子曰:"恭而无礼则劳,慎而无礼则葸,勇而无礼则乱,直而无礼则绞。君子笃于亲,则民兴于仁;故旧不遗,则民不偷。"

曾子有疾,召门弟子曰:"启予足!启予手!《诗》云:'战战兢兢,如临深渊,如履薄冰。'而今而后,吾知免夫!小子!"

曾子有疾,孟敬子问之。曾子言曰:"鸟之将死,其鸣也哀;人之将死,其言也善。君子所贵乎道者三:动容貌,斯远暴慢矣;正颜色,斯近信矣;出辞气,斯远鄙倍矣。笾豆之事,则有司存。"

曾子曰:"以能问于不能;以多问于寡;有若无,实若虚,犯而不校。昔者吾友尝从事于斯矣。"

曾子曰:"可以托六尺之孤,可以寄百里之命,临大节而不可夺也。君子人与?君子人也。"

曾子曰:"士不可以不弘毅,任重而道远。仁以为己任,不亦重乎?死而后已,不亦远乎?"

子曰:"兴于诗,立于礼,成于乐。"

子曰:"民可使由之,不可使知之。"

子曰:"好勇疾贫,乱也。人而不仁,疾之已甚,乱也。"

子曰:"如有周公之才之美,使骄且吝,其余不足观也已。"

子曰:"三年学,不至于谷,不易得也。"

子曰:"笃信好学,守死善道。危邦不入,乱邦不居。天下有道则见,无道则隐。邦有道,贫且贱焉,耻也;邦无道,富且贵焉,耻也。"

子曰:"不在其位,不谋其政。"

子曰:"师挚之始,《关雎》之乱,洋洋乎盈耳哉!"

子曰:"狂而不直,侗而不愿,悾悾而不信,吾不知之矣。"

子曰:"学如不及,犹恐失之。"

子曰:"巍巍乎!舜、禹之有天下也而不与焉。"

子曰:"大哉尧之为君也!巍巍乎!唯天为大,唯尧则之。荡荡乎!民无能名焉。巍巍乎其有成功也,焕乎其有文章!"

舜有臣五人而天下治。武王曰:"予有乱臣十人。"孔子曰:"才难,不其然乎?唐、虞之际,于斯为盛。有妇人焉,九人而已。三分天下有其二,以服事殷。周之德,其可谓至德也已矣。"

子曰:"禹,吾无间然矣。菲饮食而致孝乎鬼神,恶衣服而致美乎黻冕,卑宫室而尽力乎沟洫。禹,吾无间然矣。"

子罕篇第九

子罕言利与命与仁。

达巷党人曰:"大哉孔子!博学而无所成名。"子闻之,谓门弟子曰:"吾何执?执御乎?执射乎?吾执御矣。"

子曰:"麻冕,礼也。今也纯,俭,吾从众。拜下,礼也。今拜乎上,泰也。虽违众,吾从下。"

子绝四:毋意,毋必,毋固,毋我。

子畏于匡。曰:"文王既没,文不在兹乎?天之将丧斯文也,后死者不得与于斯文也。天之未丧斯文也,匡人其如予何?"

太宰问于子贡曰:"夫子圣者与?何其多能也?"子贡曰:"固天纵之将圣,又多能也。"子闻之,曰:"太宰知我乎!吾少也贱,故多能鄙事。君子多乎哉？不多也。"

牢曰："子云：'吾不试，故艺。'"

子曰："吾有知乎哉？无知也。有鄙夫问于我，空空如也。我叩其两端而竭焉。"

子曰："凤鸟不至，河不出图，吾已矣夫！"

子见齐衰者、冕衣裳者与瞽者，见之，虽少，必作，过之，必趋。

颜渊喟然叹曰："仰之弥高，钻之弥坚。瞻之在前，忽焉在后。夫子循循然善诱人，博我以文，约我以礼，欲罢不能。既竭吾才，如有所立卓尔，虽欲从之，末由也已。"

子疾病，子路使门人为臣。病间，曰："久矣哉，由之行诈也！无臣而为有臣。吾谁欺？欺天乎？且予与其死于臣之手也，无宁死于二三子之手乎！且予纵不得大葬，予死于道路乎？"

子贡曰："有美玉于斯，韫椟而藏诸？求善贾而沽诸？"子曰："沽之哉！沽之哉！我待贾者也。"

子欲居九夷。或曰："陋，如之何？"子曰："君子居之，何陋之有？"

子曰："吾自卫反鲁，然后乐正，《雅》《颂》各得其所。"

子曰："出则事公卿，入则事父兄，丧事不敢不勉，不为酒困，何有于我哉？"

子在川上，曰："逝者如斯夫！不舍昼夜。"

子曰："吾未见好德如好色者也。"

子曰："譬如为山，未成一篑，止，吾止也。譬如平地，虽覆一篑，进，吾往也。"

209

子曰:"语之而不惰者,其回也与!"

子谓颜渊,曰:"惜乎!吾见其进也,未见其止也。"

子曰:"苗而不秀者有矣夫!秀而不实者有矣夫!"

子曰:"后生可畏,焉知来者之不如今也?四十、五十而无闻焉,斯亦不足畏也已。"

子曰:"法语之言,能无从乎?改之为贵。巽与之言,能无说乎?绎之为贵。说而不绎,从而不改,吾末如之何也已矣。"

子曰:"主忠信。毋友不如己者。过则勿惮改。"

子曰:"三军可夺帅也,匹夫不可夺志也。"

子曰:"衣敝缊袍,与衣狐貉者立,而不耻者,其由也与?'不忮不求,何用不臧?'"子路终身诵之,子曰:"是道也,何足以臧?"

子曰:"岁寒,然后知松柏之后凋也。"

子曰:"知者不惑,仁者不忧,勇者不惧。"

子曰:"可与共学,未可与适道;可与适道,未可与立;可与立,未可与权。"

"唐棣之华,偏其反而。岂不尔思?室是远尔。"子曰:"未之思也,夫何远之有?"

乡党篇第十

孔子于乡党,恂恂如也,似不能言者。其在宗庙朝廷,便便言,唯谨尔。

朝，与下大夫言，侃侃如也；与上大夫言，訚訚如也。君在，踧踖如也，与与如也。

君召使摈，色勃如也，足躩如也。揖所与立，左右手，衣前后，襜如也。趋进，翼如也。宾退，必复命曰："宾不顾矣。"

入公门，鞠躬如也，如不容。

立不中门，行不履阈。

过位，色勃如也，足躩如也，其言似不足者。

摄齐升堂，鞠躬如也，屏气似不息者。

出，降一等，逞颜色，怡怡如也。

没阶，趋进，翼如也。

复其位，踧踖如也。

执圭，鞠躬如也，如不胜。上如揖，下如授。勃如战色，足蹜蹜如有循。

享礼，有容色。

私觌，愉愉如也。

君子不以绀緅饰，红紫不以为亵服。

当暑，袗絺绤，必表而出之。

缁衣，羔裘；素衣，麑裘；黄衣，狐裘。

亵裘长，短右袂。

必有寝衣，长一身有半。

狐貉之厚以居。

去丧，无所不佩。

非帷裳，必杀之。

羔裘玄冠不以吊。

211

吉月，必朝服而朝。

齐，必有明衣，布。

齐必变食，居必迁坐。

食不厌精，脍不厌细。

食饐而餲，鱼馁而肉败，不食。色恶，不食。臭恶，不食。失饪，不食。不时，不食。割不正，不食。不得其酱，不食。

肉虽多，不使胜食气。唯酒无量，不及乱。

沽酒市脯不食。

不撤姜食，不多食。

祭于公，不宿肉。祭肉不出三日。出三日，不食之矣。

食不语，寝不言。

虽疏食菜羹，瓜祭，必齐如也。

席不正，不坐。

乡人饮酒，杖者出，斯出矣。

乡人傩，朝服而立于阼阶。

问人于他邦，再拜而送之。

康子馈药，拜而受之。曰："丘未达，不敢尝。"

厩焚。子退朝，曰："伤人乎？"不问马。

君赐食，必正席先尝之。君赐腥，必熟而荐之。君赐生，必畜之。

侍食于君，君祭，先饭。

疾，君视之，东首，加朝服，拖绅。

君命召，不俟驾行矣。

入太庙，每事问。

朋友死，无所归，曰："于我殡。"

朋友之馈，虽车马，非祭肉，不拜。

寝不尸，居不容。

见齐衰者，虽狎，必变。见冕者与瞽者，虽亵必以貌。

凶服者式之，式负版者。

有盛馔，必变色而作。

迅雷风烈必变。

升车，必正立，执绥。

车中不内顾，不疾言，不亲指。

色斯举矣，翔而后集。曰："山梁雌雉，时哉时哉！"子路共之，三嗅而作。

先进篇第十一

子曰："先进于礼乐，野人也；后进于礼乐，君子也。如用之，则吾从先进。"

子曰："从我于陈、蔡者，皆不及门也。"

德行：颜渊，闵子骞，冉伯牛，仲弓。言语：宰我，子贡。政事：冉有，季路。文学：子游，子夏。

子曰："回也非助我者也，于吾言无所不说。"

子曰："孝哉闵子骞！人不间于其父母昆弟之言。"

南容三复白圭，孔子以其兄之子妻之。

季康子问："弟子孰为好学？"孔子对曰："有颜回者好学，

不幸短命死矣，今也则亡。"

颜渊死，颜路请子之车以为之椁。子曰："才不才，亦各言其子也。鲤也死，有棺而无椁，吾不徒行以为之椁。以吾从大夫之后，不可徒行也。"

颜渊死。子曰："噫！天丧予！天丧予！"

颜渊死，子哭之恸。从者曰："子恸矣！"曰："有恸乎？非夫人之为恸而谁为？"

颜渊死，门人欲厚葬之。子曰："不可。"

门人厚葬之，子曰："回也视予犹父也，予不得视犹子也。非我也，夫二三子也！"

季路问事鬼神，子曰："未能事人，焉能事鬼？"

曰："敢问死。"曰："未知生，焉知死？"

闵子侍侧，誾誾如也；子路，行行如也；冉有、子贡，侃侃如也。子乐。"若由也，不得其死然。"

鲁人为长府，闵子骞曰："仍旧贯，如之何？何必改作？"子曰："夫人不言，言必有中。"

子曰："由之瑟奚为于丘之门？"门人不敬子路，子曰："由也升堂矣，未入于室也。"

子贡问："师与商也孰贤？"子曰："师也过，商也不及。"

曰："然则师愈与？"子曰："过犹不及。"

季氏富于周公，而求也为之聚敛而附益之。子曰："非吾徒也，小子鸣鼓而攻之，可也。"

柴也愚，参也鲁，师也辟，由也喭。

子曰："回也其庶乎，屡空。赐不受命，而货殖焉，亿则屡中。"

子张问善人之道，子曰："不践迹，亦不入于室。"

子曰："论笃是与，君子者乎，色庄者乎？"

子路问："闻斯行诸？"子曰："有父兄在，如之何其闻斯行之？"

冉有问："闻斯行诸？"子曰："闻斯行之。"

公西华曰："由也问闻斯行诸，子曰'有父兄在'；求也问闻斯行诸，子曰'闻斯行之'。赤也惑，敢问。"子曰："求也退，故进之。由也兼人，故退之。"

子畏于匡，颜渊后。子曰："吾以女为死矣。"曰："子在，回何敢死！"

季子然问："仲由、冉求可谓大臣与？"子曰："吾以子为异之问，曾由与求之问。所谓大臣者，以道事君，不可则止。今由与求也，可谓具臣矣。"

曰："然则从之者与？"子曰："弑父与君，亦不从也。"

子路使子羔为费宰，子曰："贼夫人之子。"

子路曰："有民人焉，有社稷焉，何必读书然后为学？"

子曰："是故恶夫佞者。"

子路、曾皙、冉有、公西华侍坐，

子曰："以吾一日长乎尔，毋吾以也。居则曰：'不吾知也！'如或知尔，则何以哉？"

子路率尔而对曰："千乘之国，摄乎大国之间，加之以师旅，因之以饥馑，由也为之，比及三年，可使有勇，且知方也。"

夫子哂之。

"求，尔何如？"

对曰："方六七十，如五六十，求也为之，比及三年，可使足民。如其礼乐，以俟君子。"

"赤！尔何如？"

对曰："非曰能之，愿学焉。宗庙之事，如会同，端章甫，愿为小相焉。"

"点，尔何如？"

鼓瑟希，铿尔，舍瑟而作，对曰："异乎三子者之撰。"子曰："何伤乎？亦各言其志也。"曰："暮春者，春服既成，冠者五六人，童子六七人，浴乎沂，风乎舞雩，咏而归。"

夫子喟然叹曰："吾与点也！"

三子者出，曾皙后。曾皙曰："夫三子者之言何如？"

子曰："亦各言其志也已矣。"

曰："夫子何哂由也？"

曰："为国以礼，其言不让，是故哂之。"

"唯求则非邦也与？"

"安见方六七十、如五六十而非邦也者？"

"唯赤则非邦也与？"

"宗庙会同，非诸侯而何？赤也为之小，孰能为之大？"

颜渊篇第十二

颜渊问仁，子曰："克己复礼为仁。一日克己复礼，天下归仁焉。为仁由己，而由人乎哉？"

颜渊曰："请问其目？"子曰："非礼勿视，非礼勿听，非礼勿言，非礼勿动。"

颜渊曰："回虽不敏，请事斯语矣。"

仲弓问仁。子曰："出门如见大宾，使民如承大祭。己所不欲，勿施于人。在邦无怨，在家无怨。"

仲弓曰："雍虽不敏，请事斯语矣。"

司马牛问仁。子曰："仁者，其言也讱。"

曰："其言也讱，斯谓之仁已乎？"子曰："为之难，言之得无讱乎？"

司马牛问君子。子曰："君子不忧不惧。"

曰："不忧不惧，斯谓之君子已乎？"子曰："内省不疚，夫何忧何惧？"

司马牛忧曰："人皆有兄弟，我独亡。"子夏曰："商闻之矣：死生有命，富贵在天。君子敬而无失，与人恭而有礼，四海之内皆兄弟也。君子何患乎无兄弟也？"

子张问明。子曰："浸润之谮，肤受之愬，不行焉，可谓明也已矣。浸润之谮、肤受之愬不行焉，可谓远也已矣。"

子贡问政。子曰："足食，足兵，民信之矣。"

子贡曰："必不得已而去，于斯三者何先？"曰："去兵。"

子贡曰："必不得已而去，于斯二者何先？"曰："去食。自古皆有死，民无信不立。"

棘子成曰："君子质而已矣，何以文为？"子贡曰："惜乎，夫子之说君子也。驷不及舌。文犹质也，质犹文也。虎豹之鞟犹犬羊之鞟。"

哀公问于有若曰："年饥，用不足，如之何？"

有若对曰："盍彻乎？"

曰："二，吾犹不足，如之何其彻也？"

对曰："百姓足，君孰与不足？百姓不足，君孰与足？"

子张问崇德辨惑，子曰："主忠信，徙义，崇德也。爱之欲其生，恶之欲其死。既欲其生，又欲其死，是惑也。'诚不以富，亦只以异。'"

齐景公问政于孔子。孔子对曰："君君，臣臣，父父，子子。"公曰："善哉！信如君不君，臣不臣，父不父，子不子，虽有粟，吾得而食诸？"

子曰："片言可以折狱者，其由也与？"

子路无宿诺。

子曰："听讼，吾犹人也。必也使无讼乎。"

子张问政。子曰："居之无倦，行之以忠。"

子曰："博学于文，约之以礼，亦可以弗畔矣夫。"

子曰："君子成人之美，不成人之恶。小人反是。"

季康子问政于孔子。孔子对曰："政者，正也。子帅以正，孰敢不正？"

季康子患盗，问于孔子。孔子对曰："苟子之不欲，虽赏之不窃。"

季康子问政于孔子曰："如杀无道以就有道，何如？"孔子对曰："子为政，焉用杀？子欲善而民善矣。君子之德风，小人之德草，草上之风，必偃。"

子张问："士何如斯可谓之达矣？"子曰："何哉，尔所谓达者？"子张对曰："在邦必闻，在家必闻。"子曰："是闻也，非达也。夫达也者，质直而好义，察言而观色，虑以下人。在邦必达，在家必达。夫闻也者，色取仁而行违，居之不疑。在邦必闻，在家必闻。"

樊迟从游于舞雩之下，曰："敢问崇德，修慝，辨惑。"子曰："善哉问！先事后得，非崇德与？攻其恶，无攻人之恶，非修慝与？一朝之忿，忘其身，以及其亲，非惑与？"

樊迟问仁。子曰："爱人。"问知，子曰："知人。"

樊迟未达，子曰："举直错诸枉，能使枉者直。"

樊迟退，见子夏曰："乡也吾见于夫子而问知，子曰：'举直错诸枉，能使枉者直。'何谓也？"

子夏曰："富哉言乎！舜有天下，选于众，举皋陶，不仁者远矣。汤有天下，选于众，举伊尹，不仁者远矣。"

子贡问友。子曰："忠告而善道之，不可则止，毋自辱焉。"

曾子曰："君子以文会友，以友辅仁。"

子路篇第十三

子路问政，子曰："先之，劳之。"请益，曰："无倦。"

仲弓为季氏宰，问政。子曰："先有司，赦小过，举贤才。"

曰："焉知贤才而举之？"曰："举尔所知。尔所不知，人其舍诸？"

子路曰:"卫君待子而为政,子将奚先?"

子曰:"必也正名乎!"

子路曰:"有是哉,子之迂也!奚其正?"

子曰:"野哉,由也!君子于其所不知,盖阙如也。名不正,则言不顺;言不顺,则事不成;事不成,则礼乐不兴;礼乐不兴,则刑罚不中;刑罚不中,则民无所措手足。故君子名之必可言也,言之必可行也。君子于其言,无所苟而已矣。"

樊迟请学稼。子曰:"吾不如老农。"请学为圃。曰:"吾不如老圃。"

樊迟出,子曰:"小人哉,樊须也!上好礼,则民莫敢不敬;上好义,则民莫敢不服;上好信,则民莫敢不用情。夫如是,则四方之民襁负其子而至矣,焉用稼?"

子曰:"诵《诗》三百,授之以政,不达;使于四方,不能专对;虽多,亦奚以为?"

子曰:"其身正,不令而行;其身不正,虽令不从。"

子曰:"鲁、卫之政,兄弟也。"

子谓卫公子荆,"善居室。始有,曰:'苟合矣。'少有,曰:'苟完矣。'富有,曰:'苟美矣。'"

子适卫,冉有仆,子曰:"庶矣哉!"

冉有曰:"既庶矣,又何加焉?"曰:"富之。"

曰:"既富矣,又何加焉?"曰:"教之。"

子曰:"苟有用我者,期月而已可也,三年有成。"

子曰:"'善人为邦百年,亦可以胜残去杀矣。'诚哉是言也!"

子曰:"如有王者,必世而后仁。"

子曰:"苟正其身矣,于从政乎何有? 不能正其身,如正人何?"

冉子退朝,子曰:"何晏也?"对曰:"有政。"子曰:"其事也。如有政,虽不吾以,吾其与闻之。"

定公问:"一言而可以兴邦,有诸?"

孔子对曰:"言不可以若是其几也。人之言曰:'为君难,为臣不易。'如知为君之难也,不几乎一言而兴邦乎?"

曰:"一言而丧邦,有诸?"

孔子对曰:"言不可以若是其几也。人之言曰:'予无乐乎为君,唯其言而莫予违也。'如其善而莫之违也,不亦善乎? 如不善而莫之违也,不几乎一言而丧邦乎?"

叶公问政。子曰:"近者说,远者来。"

子夏为莒父宰,问政。子曰:"无欲速,无见小利。欲速则不达,见小利则大事不成。"

叶公语孔子曰:"吾党有直躬者,其父攘羊,而子证之。"孔子曰:"吾党之直者异于是。父为子隐,子为父隐,直在其中矣。"

樊迟问仁。子曰:"居处恭,执事敬,与人忠。虽之夷狄,不可弃也。"

子贡问曰:"何如斯可谓之士矣?"子曰:"行己有耻,使于四方不辱君命,可谓士矣。"曰:"敢问其次。"曰:"宗族称孝焉,乡党称弟焉。"

曰:"敢问其次。"曰:"言必信,行必果,硁硁然小人哉! 抑亦可以为次矣。"

曰:"今之从政者何如?"子曰:"噫! 斗筲之人,何足算也!"

子曰："不得中行而与之，必也狂狷乎！狂者进取，狷者有所不为也。"

子曰："南人有言曰：'人而无恒，不可以作巫医。'善夫！"

"不恒其德，或承之羞。"子曰："不占而已矣。"

子曰："君子和而不同，小人同而不和。"

子贡问曰："乡人皆好之，何如？"子曰："未可也。"

"乡人皆恶之，何如？"子曰："未可也。不如乡人之善者好之，其不善者恶之。"

子曰："君子易事而难说也，说之不以道，不说也。及其使人也，器之；小人难事而易说也。说之虽不以道，说也，及其使人也，求备焉。"

子曰："君子泰而不骄，小人骄而不泰。"

子曰："刚、毅、木、讷近仁。"

子路问曰："何如斯可谓之士矣？"子曰："切切偲偲，怡怡如也，可谓士矣。朋友切切偲偲，兄弟怡怡。"

子曰："善人教民七年，亦可以即戎矣。"

子曰："以不教民战，是谓弃之。"

宪问篇第十四

宪问耻。子曰："邦有道，谷。邦无道，谷，耻也。"

"克、伐、怨、欲不行焉，可以为仁矣？"子曰："可以为难矣，仁则吾不知也。"

子曰:"士而怀居,不足以为士矣。"

子曰:"邦有道,危言危行;邦无道,危行言孙。"

子曰:"有德者必有言,有言者不必有德。仁者必有勇,勇者不必有仁。"

南宫适问于孔子曰:"羿善射,奡荡舟,俱不得其死然。禹、稷躬稼而有天下。"夫子不答。

南宫适出,子曰:"君子哉若人!尚德哉若人!"

子曰:"君子而不仁者有矣夫,未有小人而仁者也。"

子曰:"爱之,能勿劳乎?忠焉,能勿诲乎?"

子曰:"为命,裨谌草创之,世叔讨论之,行人子羽修饰之,东里子产润色之。"

或问子产。子曰:"惠人也。"

问子西。曰:"彼哉,彼哉!"

问管仲。曰:"人也。夺伯氏骈邑三百,饭疏食,没齿无怨言。"

子曰:"贫而无怨难,富而无骄易。"

子曰:"孟公绰为赵、魏老则优,不可以为滕、薛大夫。"

子路问成人。子曰:"若臧武仲之知,公绰之不欲,卞庄子之勇,冉求之艺,文之以礼乐,亦可以为成人矣。"曰:"今之成人者何必然?见利思义,见危授命,久要不忘平生之言,亦可以为成人矣。"

子问公叔文子于公明贾曰:"信乎,夫子不言,不笑,不取乎?"

公明贾对曰:"以告者过也。夫子时然后言,人不厌其言;

乐然后笑，人不厌其笑；义然后取，人不厌其取。"

子曰："其然？岂其然乎？"

子曰："臧武仲以防求为后于鲁，虽曰不要君，吾不信也。"

子曰："晋文公谲而不正，齐桓公正而不谲。"

子路曰："桓公杀公子纠，召忽死之，管仲不死。"曰："未仁乎？"子曰："桓公九合诸侯，不以兵车，管仲之力也。如其仁，如其仁。"

子贡曰："管仲非仁者与？桓公杀公子纠，不能死，又相之。"子曰："管仲相桓公，霸诸侯，一匡天下，民到于今受其赐。微管仲，吾其被发左衽矣。岂若匹夫匹妇之为谅也，自经于沟渎而莫之知也？"

公叔文子之臣大夫僎与文子同升诸公，子闻之，曰："可以为'文'矣。"

子言卫灵公之无道也，康子曰："夫如是，奚而不丧？"孔子曰："仲叔圉治宾客，祝鮀治宗庙，王孙贾治军旅。夫如是，奚其丧？"

子曰："其言之不怍，则为之也难。"

陈成子弑简公。孔子沐浴而朝，告于哀公曰："陈恒弑其君，请讨之。"公曰："告夫三子。"

孔子曰："以吾从大夫之后，不敢不告也。君曰'告夫三子'者。"

之三子告，不可。孔子曰："以吾从大夫之后，不敢不告也。"

子路问事君，子曰："勿欺也，而犯之。"

子曰："君子上达，小人下达。"

子曰:"古之学者为己,今之学者为人。"

蘧伯玉使人于孔子。孔子与之坐而问焉,曰:"夫子何为?"对曰:"夫子欲寡其过而未能也。"

使者出。子曰:"使乎!使乎!"

子曰:"不在其位,不谋其政。"

曾子曰:"君子思不出其位。"

子曰:"君子耻其言而过其行。"

子曰:"君子道者三,我无能焉:仁者不忧,知者不惑,勇者不惧。"子贡曰:"夫子自道也。"

子贡方人。子曰:"赐也贤乎哉?夫我则不暇。"

子曰:"不患人之不己知,患其不能也。"

子曰:"不逆诈,不亿不信,抑亦先觉者,是贤乎!"

微生亩谓孔子曰:"丘何为是栖栖者与?无乃为佞乎?"孔子曰:"非敢为佞也,疾固也。"

子曰:"骥不称其力,称其德也。"

或曰:"以德报怨,何如?"子曰:"何以报德?以直报怨,以德报德。"

子曰:"莫我知也夫!"子贡曰:"何为其莫知子也?"子曰:"不怨天,不尤人,下学而上达。知我者其天乎!"

公伯寮愬子路于季孙。子服景伯以告,曰:"夫子固有惑志于公伯寮,吾力犹能肆诸市朝。"

子曰:"道之将行也与,命也;道之将废也与,命也。公伯寮其如命何!"

子曰:"贤者辟世,其次辟地,其次辟色,其次辟言。"

子曰:"作者七人矣。"

子路宿于石门。晨门曰:"奚自?"子路曰:"自孔氏。"曰:"是知其不可而为之者与?"

子击磬于卫,有荷蒉而过孔氏之门者,曰:"有心哉,击磬乎!"既而曰:"鄙哉,硁硁乎!莫己知也,斯已而已矣。深则厉,浅则揭。"

子曰:"果哉!末之难矣。"

子张曰:"《书》云:'高宗谅阴,三年不言。'何谓也?"子曰:"何必高宗,古之人皆然。君薨,百官总己以听于冢宰三年。"

子曰:"上好礼,则民易使也。"

子路问君子,子曰:"修己以敬。"

曰:"如斯而已乎?"曰:"修己以安人。"

曰:"如斯而已乎?"曰:"修己以安百姓。修己以安百姓,尧、舜其犹病诸!"

原壤夷俟。子曰:"幼而不孙弟,长而无述焉,老而不死,是为贼。"以杖叩其胫。

阙党童子将命。或问之曰:"益者与?"子曰:"吾见其居于位也,见其与先生并行也。非求益者也,欲速成者也。"

卫灵公篇第十五

卫灵公问陈于孔子。孔子对曰:"俎豆之事,则尝闻之矣;军旅之事,未之学也。"明日遂行。

在陈绝粮，从者病，莫能兴。子路愠见曰："君子亦有穷乎？"子曰："君子固穷，小人穷斯滥矣。"

子曰："赐也，女以予为多学而识之者与？"对曰："然，非与？"曰："非也，予一以贯之。"

子曰："由！知德者鲜矣。"

子曰："无为而治者其舜也与？夫何为哉？恭己正南面而已矣。"

子张问行。子曰："言忠信，行笃敬，虽蛮貊之邦，行矣。言不忠信，行不笃敬，虽州里，行乎哉？立则见其参于前也，在舆则见其倚于衡也，夫然后行。"子张书诸绅。

子曰："直哉史鱼！邦有道，如矢，邦无道，如矢。君子哉蘧伯玉！邦有道，则仕，邦无道，则可卷而怀之。"

子曰："可与言而不与之言，失人；不可与言而与之言，失言。知者不失人，亦不失言。"

子曰："志士仁人，无求生以害仁，有杀身以成仁。"

子贡问为仁。子曰："工欲善其事，必先利其器。居是邦也，事其大夫之贤者，友其士之仁者。"

颜渊问为邦。子曰："行夏之时，乘殷之辂，服周之冕，乐则《韶》《舞》。放郑声，远佞人。郑声淫，佞人殆。"

子曰："人无远虑，必有近忧。"

子曰："已矣乎！吾未见好德如好色者也。"

子曰："臧文仲其窃位者与？知柳下惠之贤而不与立也。"

子曰："躬自厚而薄责于人，则远怨矣。"

子曰："不曰'如之何，如之何'者，吾末如之何也已矣。"

子曰:"群居终日,言不及义,好行小慧,难矣哉!"

子曰:"君子义以为质,礼以行之,孙以出之,信以成之。君子哉!"

子曰:"君子病无能焉,不病人之不己知也。"

子曰:"君子疾没世而名不称焉。"

子曰:"君子求诸己,小人求诸人。"

子曰:"君子矜而不争,群而不党。"

子曰:"君子不以言举人,不以人废言。"

子贡问曰:"有一言而可以终身行之者乎?"子曰:"其恕乎!己所不欲,勿施于人。"

子曰:"吾之于人也,谁毁谁誉?如有所誉者,其有所试矣。斯民也,三代之所以直道而行也。"

子曰:"吾犹及史之阙文也。有马者借人乘之,今亡矣夫!"

子曰:"巧言乱德。小不忍,则乱大谋。"

子曰:"众恶之,必察焉;众好之,必察焉。"

子曰:"人能弘道,非道弘人。"

子曰:"过而不改,是谓过矣。"

子曰:"吾尝终日不食,终夜不寝,以思,无益,不如学也。"

子曰:"君子谋道不谋食。耕也,馁在其中矣;学也,禄在其中矣。君子忧道不忧贫。"

子曰:"知及之,仁不能守之,虽得之,必失之。知及之,仁能守之,不庄以莅之,则民不敬。知及之,仁能守之,庄以莅之,动之不以礼,未善也。"

子曰:"君子不可小知而可大受也,小人不可大受而可小知也。"

子曰："民之于仁也，甚于水火。水火，吾见蹈而死者矣，未见蹈仁而死者也。"

子曰："当仁，不让于师。"

子曰："君子贞而不谅。"

子曰："事君，敬其事而后其食。"

子曰："有教无类。"

子曰："道不同，不相为谋。"

子曰："辞达而已矣。"

师冕见，及阶，子曰："阶也。"及席，子曰："席也。"皆坐，子告之曰："某在斯，某在斯。"师冕出。子张问曰："与师言之道与？"子曰："然，固相师之道也。"

季氏篇第十六

季氏将伐颛臾。冉有、季路见于孔子曰："季氏将有事于颛臾。"

孔子曰："求，无乃尔是过与？夫颛臾，昔者先王以为东蒙主，且在邦域之中矣，是社稷之臣也。何以伐为？"

冉有曰："夫子欲之，吾二臣者皆不欲也。"

孔子曰："求！周任有言曰：'陈力就列，不能者止。'危而不持，颠而不扶，则将焉用彼相矣？且尔言过矣，虎兕出于柙，龟玉毁于椟中，是谁之过与？"

冉有曰："今夫颛臾，固而近于费。今不取，后世必为子孙忧。"

孔子曰："求！君子疾夫舍曰欲之而必为之辞。丘也闻有国有家者，不患寡而患不均，不患贫而患不安。盖均无贫，和无寡，安无倾。夫如是，故远人不服，则修文德以来之。既来之，则安之。今由与求也，相夫子，远人不服，而不能来也；邦分崩离析，而不能守也；而谋动干戈于邦内。吾恐季孙之忧，不在颛臾，而在萧墙之内也。"

孔子曰："天下有道，则礼乐征伐自天子出；天下无道，则礼乐征伐自诸侯出。自诸侯出，盖十世希不失矣；自大夫出，五世希不失矣；陪臣执国命，三世希不失矣。天下有道，则政不在大夫。天下有道，则庶人不议。"

孔子曰："禄之去公室五世矣，政逮于大夫四世矣，故夫三桓之子孙微矣。"

孔子曰："益者三友，损者三友。友直，友谅，友多闻，益矣。友便辟，友善柔，友便佞，损矣。"

孔子曰："益者三乐，损者三乐。乐节礼乐，乐道人之善，乐多贤友，益矣。乐骄乐，乐佚游，乐宴乐，损矣。"

孔子曰："侍于君子有三愆：言未及之而言谓之躁，言及之而不言谓之隐，未见颜色而言谓之瞽。"

孔子曰："君子有三戒：少之时，血气未定，戒之在色；及其壮也，血气方刚，戒之在斗；及其老也，血气既衰，戒之在得。"

孔子曰："君子有三畏：畏天命，畏大人，畏圣人之言。小人不知天命而不畏也，狎大人，侮圣人之言。"

孔子曰："生而知之者上也，学而知之者次也；困而学之，又其次也。困而不学，民斯为下矣。"

孔子曰："君子有九思：视思明，听思聪，色思温，貌思恭，言思忠，事思敬，疑思问，忿思难，见得思义。"

孔子曰："见善如不及，见不善如探汤。吾见其人矣。吾闻其语矣。隐居以求其志，行义以达其道。吾闻其语矣，未见其人也。"

齐景公有马千驷，死之日，民无德而称焉。伯夷、叔齐饿于首阳之下，民到于今称之。其斯之谓与？

陈亢问于伯鱼曰："子亦有异闻乎？"

对曰："未也。尝独立，鲤趋而过庭，曰：'学诗乎？'对曰：'未也。''不学诗，无以言。'鲤退而学诗。他日，又独立，鲤趋而过庭。曰：'学礼乎？'对曰：'未也。''不学礼，无以立。'鲤退而学礼。闻斯二者。"

陈亢退而喜曰："问一得三，闻诗，闻礼，又闻君子之远其子也。"

邦君之妻，君称之曰夫人，夫人自称曰小童；邦人称之曰君夫人，称诸异邦曰寡小君；异邦人称之亦曰君夫人。

阳货篇第十七

阳货欲见孔子，孔子不见，归孔子豚。

孔子时其亡也，而往拜之。

遇诸涂。

谓孔子曰："来！予与尔言。"曰："怀其宝而迷其邦，可谓仁乎？"曰："不可。""好从事而亟失时，可谓知乎？"曰："不可。""日月逝矣，岁不我与。"

孔子曰："诺，吾将仕矣。"

子曰："性相近也，习相远也。"

子曰："唯上知与下愚不移。"

子之武城，闻弦歌之声。夫子莞尔而笑，曰："割鸡焉用牛刀？"

子游对曰："昔者偃也闻诸夫子曰：'君子学道则爱人，小人学道则易使也。'"

子曰："二三子！偃之言是也。前言戏之耳。"

公山弗扰以费畔，召，子欲往。

子路不说，曰："末之也已，何必公山氏之之也？"

子曰："夫召我者，而岂徒哉？如有用我者，吾其为东周乎！"

子张问仁于孔子。孔子曰："能行五者于天下为仁矣。"

请问之，曰："恭、宽、信、敏、惠。恭则不侮，宽则得众，信则人任焉，敏则有功，惠则足以使人。"

佛肸召，子欲往。

子路曰："昔者由也闻诸夫子曰：'亲于其身为不善者，君子不入也。'佛肸以中牟畔，子之往也，如之何？"

子曰："然，有是言也。不曰坚乎，磨而不磷；不曰白乎，涅而不缁。吾岂匏瓜也哉？焉能系而不食？"

子曰："由也！女闻六言六蔽矣乎？"对曰："未也。"

"居！吾语女。好仁不好学，其蔽也愚。好知不好学，其蔽也荡。好信不好学，其蔽也贼。好直不好学，其蔽也绞。好勇不好学，其蔽也乱。好刚不好学，其蔽也狂。"

子曰："小子何莫学夫诗？诗，可以兴，可以观，可以群，可以怨。迩之事父，远之事君。多识于鸟兽草木之名。"

子谓伯鱼曰："女为《周南》、《召南》矣乎？人而不为《周南》、《召南》，其犹正墙面而立也与？"

子曰："礼云礼云，玉帛云乎哉？乐云乐云，钟鼓云乎哉？"

子曰："色厉而内荏，譬诸小人，其犹穿窬之盗也与？"

子曰："乡愿，德之贼也。"

子曰："道听而涂说，德之弃也。"

子曰："鄙夫可与事君也与哉？其未得之也，患得之。既得之，患失之。苟患失之，无所不至矣。"

子曰："古者民有三疾，今也或是之亡也。古之狂也肆，今之狂也荡；古之矜也廉，今之矜也忿戾；古之愚也直，今之愚也诈而已矣。"

子曰："巧言令色，鲜矣仁！"

子曰："恶紫之夺朱也，恶郑声之乱雅乐也，恶利口之覆邦家者。"

子曰："予欲无言。"子贡曰："子如不言，则小子何述焉？"子曰："天何言哉？四时行焉，百物生焉，天何言哉？"

孺悲欲见孔子，孔子辞以疾。将命者出户，取瑟而歌，使之闻之。

宰我问："三年之丧，期已久矣。君子三年不为礼，礼必坏；三年不为乐，乐必崩。旧谷既没，新谷既升，钻燧改火，期可已矣。"

子曰："食夫稻，衣夫锦，于女安乎？"

曰："安！"

"女安，则为之！夫君子之居丧，食旨不甘，闻乐不乐，居处不安，故不为也。今女安，则为之！"

宰我出，子曰："予之不仁也！子生三年，然后免于父母之怀。夫三年之丧，天下之通丧也。予也有三年之爱于其父母乎？"

子曰："饱食终日，无所用心，难矣哉！不有博弈者乎？为之，犹贤乎已。"

子路曰："君子尚勇乎？"子曰："君子义以为上。君子有勇而无义为乱，小人有勇而无义为盗。"

子贡曰："君子亦有恶乎？"子曰："有恶。恶称人之恶者，恶居下流而讪上者，恶勇而无礼者，恶果敢而窒者。"

曰："赐也亦有恶乎？""恶徼以为知者，恶不孙以为勇者，恶讦以为直者。"

子曰："唯女子与小人为难养也，近之则不逊，远之则怨。"

子曰："年四十而见恶焉，其终也已。"

微子篇第十八

微子去之，箕子为之奴，比干谏而死。孔子曰："殷有三仁焉。"

柳下惠为士师，三黜。人曰："子未可以去乎？"曰："直道而事人，焉往而不三黜？枉道而事人，何必去父母之邦？"

齐景公待孔子曰："若季氏，则吾不能；以季、孟之间待之。"曰："吾老矣，不能用也。"孔子行。

齐人归女乐，季桓子受之，三日不朝，孔子行。

楚狂接舆歌而过孔子曰："凤兮凤兮！何德之衰？往者不可谏，来者犹可追。已而，已而！今之从政者殆而！"

孔子下，欲与之言，趋而辟之，不得与之言。

长沮、桀溺耦而耕，孔子过之，使子路问津焉。

长沮曰："夫执舆者为谁？"

子路曰："为孔丘。"

曰："是鲁孔丘与？"

曰："是也。"

曰："是知津矣。"

问于桀溺。

桀溺曰："子为谁？"

曰："为仲由。"

曰："是鲁孔丘之徒与？"

对曰："然。"

曰："滔滔者天下皆是也，而谁以易之？且而与其从辟人之士也，岂若从辟世之士？"耰而不辍。

子路行以告。

夫子怃然曰："鸟兽不可与同群，吾非斯人之徒与而谁与？天下有道，丘不与易也。"

子路从而后，遇丈人，以杖荷蓧。

子路问曰："子见夫子乎？"

丈人曰："四体不勤，五谷不分，孰为夫子？"植其杖而芸。

子路拱而立。

止子路宿，杀鸡为黍而食之，见其二子焉。

明日，子路行以告。

子曰："隐者也。"使子路反见之。至，则行矣。

子路曰："不仕无义。长幼之节，不可废也；君臣之义，如之何其废之？欲洁其身，而乱大伦。君子之仕也，行其义也。道之不行，已知之矣。"

逸民：伯夷、叔齐、虞仲、夷逸、朱张、柳下惠、少连。子曰："不降其志，不辱其身，伯夷、叔齐与！"谓："柳下惠、少连降志辱身矣，言中伦，行中虑，其斯而已矣。"谓："虞仲、夷逸隐居放言，身中清，废中权。我则异于是，无可无不可。"

太师挚适齐，亚饭干适楚，三饭缭适蔡，四饭缺适秦，鼓方叔入于河，播鼗武入于汉，少师阳、击磬襄入于海。

周公谓鲁公曰："君子不施其亲，不使大臣怨乎不以。故旧无大故，则不弃也。无求备于一人。"

周有八士：伯达、伯适、仲突、仲忽、叔夜、叔夏、季随、季騧。

子张篇第十九

子张曰:"士见危致命,见得思义,祭思敬,丧思哀,其可已矣。"

子张曰:"执德不弘,信道不笃,焉能为有?焉能为亡?"

子夏之门人问交于子张,子张曰:"子夏云何?"

对曰:"子夏曰:'可者与之,其不可者拒之。'"

子张曰:"异乎吾所闻。君子尊贤而容众,嘉善而矜不能。我之大贤与,于人何所不容?我之不贤与,人将拒我,如之何其拒人也?"

子夏曰:"虽小道,必有可观者焉,致远恐泥,是以君子不为也。"

子夏曰:"日知其所亡,月无忘其所能,可谓好学也已矣。"

子夏曰:"博学而笃志,切问而近思,仁在其中矣。"

子夏曰:"百工居肆以成其事,君子学以致其道。"

子夏曰:"小人之过也必文。"

子夏曰:"君子有三变:望之俨然,即之也温,听其言也厉。"

子夏曰:"君子信而后劳其民;未信,则以为厉己也。信而后谏;未信,则以为谤己也。"

子夏曰:"大德不逾闲,小德出入可也。"

子游曰:"子夏之门人小子,当洒扫应对进退,则可矣。抑末也,本之则无,如之何?"

子夏闻之,曰:"噫!言游过矣!君子之道,孰先传焉?孰后倦焉?譬诸草木,区以别矣。君子之道,焉可诬也?有始有卒

237

者，其惟圣人乎！"

子夏曰："仕而优则学，学而优则仕。"

子游曰："丧致乎哀而止。"

子游曰："吾友张也为难能也，然而未仁。"

曾子曰："堂堂乎张也，难与并为仁矣。"

曾子曰："吾闻诸夫子：人未有自致者也，必也亲丧乎！"

曾子曰："吾闻诸夫子：孟庄子之孝也，其他可能也，其不改父之臣与父之政，是难能也。"

孟氏使阳肤为士师，问于曾子。曾子曰："上失其道，民散久矣。如得其情，则哀矜而勿喜！"

子贡曰："纣之不善，不如是之甚也。是以君子恶居下流，天下之恶皆归焉。"

子贡曰："君子之过也，如日月之食焉。过也，人皆见之；更也，人皆仰之。"

卫公孙朝问于子贡曰："仲尼焉学？"子贡曰："文武之道，未坠于地，在人。贤者识其大者，不贤者识其小者。莫不有文武之道焉。夫子焉不学？而亦何常师之有？"

叔孙武叔语大夫于朝曰："子贡贤于仲尼。"

子服景伯以告子贡。

子贡曰："譬之宫墙，赐之墙也及肩，窥见室家之好。夫子之墙数仞，不得其门而入，不见宗庙之美、百官之富。得其门者或寡矣，夫子之云不亦宜乎！"

叔孙武叔毁仲尼。子贡曰："无以为也！仲尼不可毁也。他人之贤者，丘陵也，犹可逾也。仲尼，日月也，无得而逾焉。人虽欲自绝，其何伤于日月乎？多见其不知量也。"

陈子禽谓子贡曰："子为恭也，仲尼岂贤于子乎？"

子贡曰："君子一言以为知，一言以为不知，言不可不慎也。夫子之不可及也，犹天之不可阶而升也。夫子之得邦家者，所谓立之斯立，道之斯行，绥之斯来，动之斯和。其生也荣，其死也哀，如之何其可及也？"

尧曰篇第二十

尧曰："咨！尔舜！天之历数在尔躬，允执其中。四海困穷，天禄永终。"

舜亦以命禹。

曰："予小子履敢用玄牡，敢昭告于皇皇后帝：有罪不敢赦。帝臣不蔽，简在帝心。朕躬有罪，无以万方。万方有罪，罪在朕躬。"

周有大赉，善人是富。"虽有周亲，不如仁人。百姓有过，在予一人。"

谨权量，审法度，修废官，四方之政行焉。兴灭国，继绝世，举逸民，天下之民归心焉。

所重：民、食、丧、祭。

宽则得众，信则民任焉，敏则有功，公则说。

子张问于孔子曰："何如斯可以从政矣？"

子曰："尊五美，屏四恶，斯可以从政矣。"

子张曰:"何谓五美?"

子曰:"君子惠而不费,劳而不怨,欲而不贪,泰而不骄,威而不猛。"

子张曰:"何谓惠而不费?"

子曰:"因民之所利而利之,斯不亦惠而不费乎?择可劳而劳之,又谁怨?欲仁而得仁,又焉贪?君子无众寡,无小大,无敢慢,斯不亦泰而不骄乎?君子正其衣冠,尊其瞻视,俨然人望而畏之,斯不亦威而不猛乎?"

子张曰:"何谓四恶?"

子曰:"不教而杀谓之虐;不戒视成谓之暴;慢令致期谓之贼;犹之与人也,出纳之吝谓之有司。"

孔子曰:"不知命,无以为君子也。不知礼,无以立也。不知言,无以知人也。"